Christa Meves

Von der Natur zum Geist
Der Mensch im Schöpfungsplan

„Der Geist ist willig, aber das Fleisch ist schwach."

Mt 26,41

Christa Meves

CHRISTA MEVES

Von der Natur zum Geist

Der Mensch im Schöpfungsplan

CHRISTIANA-VERLAG
im Fe-Medienverlag • Kisslegg-Immenried

Biografische Notizen

*Christa Meves, * 1925, Studium der Germanistik, Geografie und Philosophie an den Universitäten Breslau und Kiel, Staatsexamen in Hamburg, dort zusätzliches Studium der Psychologie. Fachausbildung im Psychotherapeutischen Institut in Hannover und Göttingen. Freipraktizierende Kinder- und Jugendpsychotherapeutin in Uelzen. Arztfrau und Mutter zweier Töchter, sechs Enkel; vier Urenkel.*

1974 Wilhelm-Bölsche-Medaille, 1976 Prix AMADE, 1978 Niedersächsischer Verdienstorden. 1979 Konrad-Adenauer-Preis der Deutschlandstiftung. 1985 Bundesverdienstkreuz erster Klasse. 1987 Konversion zum katholischen Glauben. 1995 Preis der Stiftung für Abendländische Besinnung, Zürich. 1996 Preis für Wissenschaftliche Publizistik, Würzburg. 2000 Preis der Vereinigung Bürger fragen Journalisten. 2000 Ehrenmedaille des Bistums Hildesheim. 2001 Deutscher Schulbuchpreis; 2005 Komturkreuz des Gregoriusordens; 2007 Preis der Stiftung Ja zum Leben, München; Pokal von Aufbruch 2009, 2010.

122 Buchpublikationen, Übersetzungen in 13 Sprachen. Gesamtauf-lage: über 6 Millionen Exemplare in deutscher Sprache.

Fotonachweis:

Umschlagbild: „Reiter auf dem weißen Pferd“
aus der Bamberger Apokalypse, Bamberger Dom

Die Bibelzitate sind der Einheitsübersetzung entnommen,
im Kapitel 2.2 der Elberfelder Übersetzung.

2. Auflage 2018

VIA·VERITAS·VITA

Hauptstr. 22, 88353 Kisslegg-Immenried • *www.fe-medien.de*

Satz und Layout: Christiana-Verlag
Druck: orth-druk, Białystok – Printed in EU

ISBN 978-3-7171-1286-0

Inhaltsverzeichnis

Einführung: Gottes geheimer Wille in seiner Planung des Menschen 7

1. Natur und Geist im Entfaltungsprozess des Menschen 17

1.1 Die Phase im Mutterleib 17
1.2 Die Phase der ersten Lebenszeit 21
1.3 Die Phase der Selbstbehauptung 25
1.4 Die Phase der Identitätsfindung 32

2. Der Plan Gottes mit dem Menschen in biblischer Sicht 41

2.1 Die Genesis 41
2.2 Die Offenbarung des Johannes 58

Literaturhinweis 82

Einführung

Gottes geheimer Wille in seiner Planung des Menschen

Die Bibel stellt (unter anderem) ein umfängliches, mit Beispielen ausgestattetes Lehrbuch der Pädagogik dar – in genialer Manier vom Schöpfer persönlich errichtet. Wie er die Gestaltung seines Lebewesens „Mensch" gedacht hat, wie er die Ausformung jedes einzelnen Exemplars angelegt, ja geplant hat, im Hintergrund begleitet und auf dessen Vollendung jeweils hofft, lässt sich durch Bibelstudien erahnen. Deshalb lohnt es sich, wenn man sich der in Gleichnissen angelegten Methode der Entschlüsselung bedient, wie Christus sie umfänglich verwendet hat.

In Bezug auf meinen Fachbereich, den der Entwicklungspsychologie, der Pädagogik und der analytischen Psychotherapie, möchte ich diese Methode anwenden und zwar zunächst in Gestalt von Beispielen aus dem Leben mit Kindern – in der Hoffnung, ihnen, den so kostbaren Ressourcen unserer Zukunft – und damit der Gesellschaft zu mehr seelischer Gesundheit zu verhelfen – in einer Weise, wie sich der Herr das vermutlich wünscht und erwartet. Dabei lässt sich die Wirkmöglichkeit der Erziehenden grundsätzlich erhoffen, weil der HERR dem Menschen ein Gespür für das Richtige, das von ihm Gewollte, vorgegeben hat. Das ist allerdings bei modernen Menschen oft durch vielerlei Beeinflussungen geradezu wie verschüttet.

Bevor ich in den nächsten Kapiteln mit einer Reihe von Konkretionen beginne, muss ich aber in aller Kürze darauf eingehen, aufgrund welcher einzelner Darlegungen in den biblischen Texten ich diesen Versuch wagen möchte:

Laut Genesis hatte Gott, nachdem er auf dem erkalteten Stern Erde die Schöpfung erstellt und mit lebendigen Wesen darauf versehen hatte, den Entschluss gefasst, nun, gewissermaßen als Krönung, den Menschen zu schaffen. (Gen 2,7) ER formte Adam, so heißt es im Schöpfungsbericht, aus „Erde". Andere Exegeten übersetzen diesen Terminus mit „Staub" oder auch „aus einem Lehmkloß". Es ist eigentlich gleich, für welche Worte man sich entscheidet: Gemeint ist allemal derjenige Stoff, aus dem auch alle anderen Geschöpfe entstanden sind: aus der natürlichen Urmaterie: Wie bei den anderen Geschöpfen steht am Anfang jedes einzelnen Menschen also seine Leiblichkeit, die dem Urmaterial entnommen ist.

Das will heißen: Der Schöpfer hat den Menschen in die Natur eingebettet, ja ihn ihr zunächst geradezu unterworfen. Aber das ist eine von Gott durchformte, zu eindrucksvoller Gestalt gebrachte Natur, zwar wie alle anderen Lebewesen in Naturgesetze eingebunden – in erstaunlichen artentsprechenden Ordnungen, aber dennoch herausgehoben über alle anderen Lebewesen in einer unverwechselbaren Differenziertheit. Und das heißt: Vorab als Basis hat ER für den Menschen – wie für alles Lebendige – diese stringente Abhängigkeit und Dominanz von der Natur auch im Menschen festgelegt. Damit unterliegt nun zunächst selbst der Mensch in fortlaufenden ausreifenden Veränderungen einem Prozess des Werdens, Wachsens und Vergehens. Allerdings versah der Schöpfer dann sein Geschöpf Mensch noch mit einem kaum fasslichen Vorrang: ER schuf ihn außerdem „als sein Abbild; als Abbild Gottes schuf er ihn", heißt es im Schöpfungsbericht (Gen 1, 27). Was ist das für eine Aussage!

Was für eine Besonderheit! Was für eine Herausforderung! Was für eine staunenswerte Hoffnung für jeden Einzelnen von uns! Der Mensch unterliegt also zwar mit einem großen Anteil – ähnlich wie z.B. die Säugetiere – seiner Leiblichkeit, aber doch mit neuartigen artgerechten Unterschieden: Ja, der Mensch hat zwar Eigenschaften, die Tieren gleich sind, aber außerdem andere, die diesen vollständig überlegen sind. Das lässt sich als Intellektualität,und das heißt mit der Fähigkeit zu Reflexion und Einsicht, und im seelischen Bereich als Fähigkeit zu differenziertem Gefühlsreichtum beschreiben. Die Genesis weist aber darüber hinaus noch auf eine absolut besondere Gabe des Schöpfers an den Menschen hin: auf dessen Wirkmöglichkeit in SEINEM Geist: Gott hauchte dem Menschen SEINEN lebendigen Atem ein, heißt es im Schöpfungsbericht. (Gen 2, 7) Und als Krönung erhielt der Mensch vor 2000 Jahren darüber hinaus ein direktes Vorbild durch die Menschwerdung Gottes in Jesus Christus. Dies geschah dann hier auch noch mit der direkten Zielvorgabe an die Menschen, in ihrem Verhalten dem HERRN nachzufolgen.

Warum hat diese so dramatisch leidvolle Belehrung stattfinden müssen? Das liegt an der so außerordentlich großen Mühsal des Menschen, seine beiden Eckpfeiler – Natur und Geist – unter einen Hut zu bekommen. Und das heißt: seine so dominante Leiblichkeit einerseits und seine Möglichkeit zur Heiligkeit andererseits miteinander zu vereinen! Dem Abbild von Gott zu entsprechen – das ist in der Tat keine leichte Zuweisung. Sie ist grundsätzlich nicht einfach: Denn von seinem „Fleisch“ besitzt der Mensch eben eine enorm hohe Quantität. Damit die leiblichen Bedürfnisse erfüllt werden, bedarf es nicht einmal des Bewusstseins! Zahlreiche Automatismen im Menschen sind jederzeit bereit, seinem Überleben zu dienen. Nahrungs-, Besitz- und Zukunfts-Absicherungen, und damit Ängste, Gier und Lüste warten in jedem Menschen jederzeit, um aktiv zu werden. Sie setzen sich spontan in Bewegung, um das Feuer des Lebens am Brennen zu halten – schon ganz und gar, wenn es gefährdet zu sein scheint. „Es war getan, kaum eh gedacht“, nennt Goethe zurecht diese Gegebenheit. Dabei gelingt es uns oft nicht im mindesten, die wahren Motive unseres Handelns auszugraben und ins Bewusstsein zu bringen. Oft sind sie in Wirklichkeit viel elementarer, als wir uns das selbst vormachen! Wer also kennt sich eigentlich wirklich selbst?

Sich gar der Mächtigkeit seiner leiblichen Bedürfnisse um eines höheren Wertes willen zu entwinden, gelingt dem Menschen deshalb kaum einmal als ein unnachdenklich Handelnder. Für die Ausgestaltung seiner Geistigkeit bedarf es aus diesem Grund einer erheblichen Ausgereiftheit; denn das gelingt nur durch ein bewusstes, wenigstens partielles Zurückstellen der spontan vorpreschenden Natur-Bedürfnisse seines Leibes! Denn diese sind eben auf Überleben und spontan allein auf individuelle Gedeihlichkeit bedacht. Das ist unsere Situation. Zunächst werden wir eben von unserer Ur-Natur beherrscht, weil Gott uns so angelegt hat, damit wir für das Leben und damit für unser Überleben kraftvoll genug sind. Das ist deshalb selbst im Erwachsenenalter, ja bis ins Alter hinein, weiterhin schier unausweichlich der Fall. Über die von Gott geschaffene natürliche, lebensnotwendige Leiblichkeit des Menschen hinaus zu gehen, z.B. Opfer für Andere zu erbringen, um auf diese Weise Gott mehr zu dienen als sich selbst, – also im Gegensatz zu sich selbst dem „Abbild Gottes“ – zu genügen setzt deshalb ein hohes moralisches Niveau voraus. Zwar ist die Anlage als Sehnsucht danach bereits in jedem Kind vorhanden; aber – so bestätigen uns die Hirnforscher heute, sein „Werkzeug“ dafür, das Stirnhirn, bedarf vieler Erfahrungen des Heranwachsenden, ehe es in diese seine Funktion treten kann.

Das aber ist heute hierzulande – mit dem häufigen Verlust echt christlicher Elternhäuser, mit entsprechenden Vorbildern und eines echt christlichen Religionsunterrichts – immer seltener gegeben. Und dadurch entsteht nun sogar immer häufiger die Gefahr einer übersteigerten Ausweitung des natürlichen Ego im Menschen. Ja, seine Ich-Bezogenheit kann im Erwachsenenalter u.U. eine voluminöse Übersteigerung entwickeln: Unbedacht unterliegt der Mensch eben nur allzu leicht der Schwäche, allein sich und die Steigerung seines eigenen Spielraums, also sein „Fleisch“, zu seinem alleinigen Handlungsmotor und zu seinen Zielvorstellungen zu machen. Aber wenn der Mensch sich selbst allein dient, erleidet er bald jede Menge Konflikte mit den Personen seines Umfelds; denn das bedeutet nur allzu leicht, sich im Zuge seiner Egozentrizität Macht über die ihn dann störenden nahen Personen anzueignen.

Außerdem ist da auch noch jener erzgefährliche Widersacher Gottes, dieser gefallene Engel Luzifer; denn der ist ein auf Zerstörung der Seelen bedachter, listenreicher Verführer! Und damit unterliegt der Mensch häufig Anfechtungen, die ihm vom Bösen dann meist in verschleierter Form dargeboten werden. (Ausführlich ist das im Kapitel 3 der Genesis dargestellt: in Gestalt der Schlange mit ihren Einflüsterungen an Eva). Der Mensch hat also auch noch mit der Gegenwart des Bösen zu rechnen und unterliegt auf seinem Lebensweg der immerwährenden Möglichkeit, den Fallstricken, den Einflüsterungen der „alten Schlange“ zu erliegen. Im schlimmsten Fall bedeutet das nämlich, dass sich der Mensch höher stellt als Gott. Überheblich meint er dann, ohne den Herrn das Leben allein meistern zu können und sich um Gottes Ordnungen und Gebote überhaupt nicht mehr kümmern zu brauchen. Das ist eine nie fehlende Gefahr in der Lebensgeschichte jedes einzelnen Menschen – ja auch von Gesellschaften und Staaten, wenn sie diesem halsbrecherischen Irrtum als Trend verfallen – bis heute.

Ohne die Erlösungstat durch Jesus Christus wäre das irdische Modell Mensch wohl in der Tat verloren gewesen.

Aber nicht allein Diabolos, der zur Zeit sogar wie ein brüllender Löwe durch die Lande läuft, ist eine Dauergefahr für den Menschen. Dieser selbst tut sich – wie gesagt – schwer, nicht über seinen eigenen Ursprungs-Egoismus zu stolpern und damit gewissermaßen hinter den Zielen Gottes mit ihm zurückzubleiben.

Deshalb hat der Herr sein Geschöpf Mensch am Lebensanfang, während seiner langen Kindheit, mit einer „Schonzeit für Füchse“ ausgestattet: Wie gesagt, der Mensch verfügt ja nicht von Anfang an über ein ausgereiftes Gehirn, mit dem es ihm möglich wird, verantwortungsbewusste, vernünftige und womöglich ethisch hochstehende Entscheidungen zu treffen. Unser „Kopfcomputer“, das Gehirn, bedarf einer 20-jährigen Ausgestaltung unter dem Einfluss altersgerechter Erfahrungen, um in dieser echt ausgereifter Weise genutzt werden zu können. Das heißt zusammengefasst: Gott setzt in Gestalt des Reifungsprozesses im Individuum in den ersten 20 Jahren dessen leibliche Stärke als physische Lebenskraft so an, dass vorrangig zunächst eine gesunde Überlebensmöglichkeit – und das heißt ein gesundes ICH – zur Verwirklichung gelangt. In diesem ersten Lebensabschnitt erwartet Gott von den Erziehenden deshalb eine vordringliche Beachtung der Naturtriebe im Kind, damit es diese physischen Basisfähigkeiten voll ausgestalten kann. Das geht in Form von Prägungsphasen vor sich. Und das bedeutet: In verschiedene Areale des Stammhirns werden die Erfahrungen des Kindes nachhaltig eingestanzt, so dass die damit verbundenen Empfindungen und Gefühle als eine Färbung meist lebenslänglich erhalten bleiben. Zufriedenheit des Menschen ist deshalb weitgehend davon abhängig, dass die Erlebnisse des Kindes in den ersten sieben Lebensjahren seinen natürlichen Lebensbedürfnissen entsprochen haben. Das geht in Zeitfenstern der Ausgestaltung der lebensnotwendigen Naturtriebe vor sich. Nach der Geburt will und muss das Kind deshalb zunächst vornehmlich satt gemacht werden, damit es seine physische Stärke entwickeln kann. Das ist der innere Anspruch des Säuglings. Danach entsteht das Bedürfnis, in all seiner Schwäche Schutz beim Vater und eine enge Bindung an die Mutter zu vollziehen, um später gemeinschaftsfähig zu werden.

Wenn sich das Kind auf die Beine gestellt hat, bildet sich die Mächtigkeit der Selbstbehauptung in jedem gesunden Kind heraus und damit die Möglichkeit zu einer subjektiven, einer begrenzten Autonomie, am besten mithilfe eines ihm angemessenen eigenen Spielraums; denn oft stürmisch und noch unbedacht strebt das Kind nach Befreiung von den es bestimmenden Personen seines Umfelds. Als ein mächtiges Bedürfnis ist das in der 2-5-Jährigkeit als Trotzalter – besonders bei den Jungen – erkennbar. Später, in der Pubertät mit der Aktivierung der Geschlechtshormone, formt sich das Bedürfnis nach eigener Freiheit weiter aus. Mithilfe des Geschlechtstriebes wird dann natürlicherweise durch Familienbildung die Hoffnung auf Zukunft realisierbar.

Dies also ist die Aufgabe der Erziehenden: die leibliche Standfestigkeit des Kindes im Profanen zunächst in Maßen zuzulassen. Das ist nötig, und Gottes Wille. Das können wir Kindertherapeuten wissen; denn wenn das nicht geschieht, und das Kleinkind vernachlässigt wird oder – im anderen Extrem – auf Superartigkeit getrimmt wird, kommt es fast regelmäßig zu Verhaltensstörungen. Sie sind Erstsymptome, die sich ohne Therapie zu chronischen Störungen im Erwachsenenalter auszuweiten pflegen. Die von Gott gewollte Natur im jungen Menschen meutert auf diese Weise, ohne dass das Kind weiß, wie ihm geschieht. Sich chronifizierende Unruhe, Unausgeglichenheiten und psychosomatische Symptome sind die kaum einmal fehlende Folge.

Am besten geschieht ein gesundes natürliches Durchlaufen der Kleinkindzeit mithilfe der Nachahmung vorbildlicher gläubiger Eltern. Wenn diese seelisch gesund und voll Gottvertrauen sind, ist in ihnen eine besondere, eine mächtige Liebes- und Schutzbereitschaft für die leiblichen Kinder vorhanden und damit eine Möglichkeit zum Aufkeimen der Liebesfähigkeit in ihren Abkömmlingen. Deshalb ist der Wille Gottes zu Familienbildung ein so zentraler Faktor in des Schöpfers Plan. In einem gekonnten schulischen Religionsunterricht kann hierauf dann am besten aufgebaut werden. So kann dann also im Heranwachsenden eine Ahnung vom eigentlichen Ziel Gottes mit seiner Krone Mensch zustande kommen: durch eine Ausgestaltung zu gesunder seelischer Fülle, zu Liebes- und Arbeitsfähigkeit; denn das sind die Voraussetzungen, um grundsätzlich eine reife Persönlichkeit entwickeln zu können.

Strukturell bedeutet das, dass es in einem seelisch gesunden Jugendlichen allmählich zu einem angestrebten Ziel zu werden vermag, in entscheidenden Situationen sein ICH auch schon einmal zugunsten eines liebenden Verhaltens ein Stück weit hintanzustellen. Bei einer gelingenden Erziehung sollte in dem Herangewachsenen so etwas wie ein Gefühl bewusster dankbarer Liebe für den Schöpfer und ein Denken mit Wohlwollen für nahe Personen entfaltet worden sein. Gott will offenbar, dass der Mensch zwar zunächst seine Natur ausgestaltet, um kraftvoll lebensfähig zu werden; aber gleichzeitig hegt er die Hoffnung, dass es dem Menschen zumindest bei maßgeblichen Entscheidungen zunehmend häufiger gelingt, sein immer gieriges ICH so weit einzudämmen, dass Liebe und Vernunft als Handlungsmotive den Vorrang erhalten. Dann wird es nämlich möglich, dass aus glücklichen Kindern, denen Spielraum zur Entfaltung ihres Überlebenswillens ermöglicht worden ist, gesunde Erwachsene werden, die – im Wissen um den Sinn des Menschenlebens – in direkter Zusammenarbeit mit dem Schöpfer – die Fähigkeit zu liebevoller Menschlichkeit und zum Ausbau ihrer Begabungen erworben haben. Ja, sie sind dann auch in der Lage, mit einem gesunden Selbstbewusstsein in einer beglückenden Gemeinschaft mit anderen und mit Verantwortungsbewusstsein für ihr Umfeld in innerer Freiheit konstruktiv leben und arbeiten zu können.

Auf dieser gedanklichen Basis soll in den nächsten vier Kapiteln der Versuch gemacht werden, die modernen Forschungsergebnisse über die seelische Entfaltung von Kindern derart zu referieren, dass daraus im Einzelnen Schlüsse für das erzieherische Handeln und damit Vorbereitung für seelische Gesundheit im Erwachsenenalter gezogen werden können. Denn dadurch ergibt sich gleichzeitig das Modell für ein Erziehen nach dem Willen Gottes. Schließlich ist zweifellos ER vorrangig der alleinige Kreator des menschlichen Lebens und später unentwegt der leise Förderer jedes einzelnen Menschen. Diesen Zusammenhang herauszuarbeiten, ist das Ziel der folgenden Kapitel.

Es ist mehr als sinnvoll, wenn Eltern ihr Kind nach dem Willen Gottes erziehen; denn dann wird es kraftvoll, klug und glücklich. Das besagen und bestätigen nun mittlerweile sogar wissenschaftlich seriöse internationale Studien auf dem Boden der neuen Hirnforschung. Ja, sie kann uns sogar pointiert lehren, was der Wille Gottes bei diesem Erziehen im Einzelnen ist. Aber darüber sind traurigerweise nur wenige Eltern ausreichend informiert. Deshalb soll zunächst vom Anfang, von der Entfaltung des Fötus im Mutterleib, berichtet werden; denn auch hier bereits lässt sich das leise Einwirken des Schöpfers nach seinem Plan mit dem Menschen im Entfaltungsprozess von Anfang an erkennen.

1. Natur und Geist im Entfaltungsprozess des Menschen

1.1 Die Phase im Mutterleib

Wie sich der geheime Wille Gottes – die Wachstumsprozesse begleitend – bei der Ausgestaltung zum Menschen erahnen lässt, das ist nun in der Tat vom ersten Augenblick an bei jedem einzelnen Individuum beobachtbar. Allein schon durch die neuen wissenschaftlichen Erkenntnisse über unseren genetischen Code wird das erhärtet: Jedes einzelne Individuum hat in seinen Bausteinen eine persönliche Eigenart. Jeder einzelne Mensch ist unwiederholbar anders als jedes andere Lebewesen. Er verfügt über eine unverwechselbare DNA! Jeder unter den Milliarden Menschen unseres Globus ist also ein Original! Und selbst für die strengsten Wissenschaftler dämmert damit die Vorstellung auf, dass ein solches Wunder allein nur von einem übermächtigen Könner geschaffen sein kann. Was für eine Vorstellung also: Jeder von uns ist von unserer Zeugung an handverlesen – von einem Künstler ohnegleichen geschaffen worden! Aber nicht allein durch diese wissenschaftliche Tatsache erweist sich, dass beim Menschen der Schöpfer am Werk ist, sondern besonders auch ganz konkret für die erste Zeit der Entfaltung – eben der im Mutterleib. Hier lässt sich nun – verstärkt durch die technischen Möglichkeiten einer Durchleuchtung der Schwangeren – der Wille Gottes eindrucksvoll erkennen: Bereits die Entstehung eines befruchteten Eies im Leib der

Frau enthält eine heimliche Zielhaftigkeit des Künstlers. Er hatte ja die Idee, mit der Schaffung des Menschen sein Schöpfungswerk zu krönen. Er lässt also ein befruchtetes Ei aus der Vereinigung von Frau und Mann entstehen. Ja, er hat den Menschen überhaupt von vornherein in zwei Geschlechtern gedacht, um nach der Vereinigung eines Paars eine möglichst optimale Ausgestaltung seines Ziels zu erreichen: nämlich die Liebesfähigkeit des Menschen. Deshalb heißt es in der Genesis:

„*Als Mann und Frau schuf er sie*“, sowie
„*... seid fruchtbar und mehret euch!*“ *(Gen 1,27-28)*

Auf die Elternschaft also, auf die Ausgestaltung der Familie als der Keimzelle auf Zukunft ist das ganze Menschenwerk bereits angelegt!

Schaut man mit dieser Vorstellung – verstärkt durch die neuen Forschungsergebnisse – auf die vorgeburtliche Zeit, so lässt sich aus dem Staunen gar nicht mehr herausfinden: Bereits das befruchtete Ei enthält unter den 46 Chromosomen je ein einzelnes Geschlechtschromosom, entweder ein XY-Chromosom zur Vorbereitung der Männlichkeit, oder ein XX-Chromosom zur Vorbereitung der Weiblichkeit. Alles Weitere in dieser Hinsicht geschieht nun über die Geschlechtshormone. Mit verblüffender Schnelligkeit werden die befruchteten Eier zur Entwicklung gebracht. Ja, sogar ein Extra-Hormon – das sogenannte Anti-Müller-Hormon – erwirkt ab der sechsten Schwangerschaftswoche im Ei mit XY die Entstehung eines Depots, eines Reservoirs mit einer Menge von Testosteron, in Gestalt eines winzigen Hodens als dem Garanten zur Ausgestaltung der Männlichkeit während des vorgeburtlichen Zustandes! Gleichzeitig mit den Bausteinen für verschiedenste Begabungen kommt das Kind dann nach einer neunmonatigen Reifezeit mit einem männlichen Genital zur Welt. Der Wille des Schöpfers ist bereits an der Schnelligkeit und Dringlichkeit erkennbar, mit der die Geschlechtsunterschiede festgelegt werden.

Die Ausgestaltung des befruchteten Eies zur Weiblichkeit, also mithilfe von XX-Chromosomen, benötigt übrigens nicht eine solche Hast der Ausgestaltung; denn vom weiblichen Geschlechtshormon wird die schwangere Frau geradezu überströmt, so dass sich die Ausreifung zum kleinen Mädchen bis zur Geburt – und damit dem Offenbarwerden seines Geschlechts – in größerer Gelassenheit vollzieht; denn nachdem auch das Herz zu schlagen begonnen hat und sich die Körperteile weiter ausbilden, wird die Grundstruktur des Gehirns in der zweiten Hälfte der Schwangerschaft mit einer Vielzahl von Zellen vorbereitet, die – so wissen die Hirnforscher heute – in einzelnen Hirnregionen durch ihr Geschlecht unterschiedlich ausgestattet werden.

Die vorgeburtliche Entwicklung unterliegt durch die gesamte Anlage offenbar also einem gezielten Willen des Schöpfers: Bereits dadurch, dass die ersten neun Monate der Ei-Reifung im leiblichen Innenraum der Mutter vollzogen werden, wird erkennbar, dass der Schöpfer ein besonderes Gewicht auf den Schutz des so verletzlichen ungeborenen Menschenkindes legt. Und das lässt sich besonders gut nachempfinden, wenn man dieses alles bedenkt: die Handverlesenheit jedes Einzelnen, die Vorbereitung zu seiner besonderen Denkfähigkeit mithilfe von Hirnarealen und damit die Ausgestaltung seines Lebens als Mann oder als Frau.

Diese Einsicht in das Wunderwerk der Ausformung jedes einzelnen Menschen sollte uns dringend unter ehrfürchtigem Staunen über unseren zielhaften Gott zu einem ehrfürchtigen Umgang mit der schwangeren Frau anregen. Jeder Erwachsene, der das erkennt oder jedenfalls fühlt, kann dann nicht auf die Idee kommen, dieses Wunderwerk Gottes wieder aus dem Mutterleib herauszureißen, kann dann nicht auf die Idee kommen, der schwangeren Mutter vielerlei Aufregungen durch Untersuchungen oder Stress durch ein überforderndes Arbeitsleben zuzumuten. Schon die Art dieses Prozesses muss uns als gläubige Menschen zu besonderer Bemühung für das Wohlergehen der schwangeren Mutter bringen.

Es bedeutet eine zutiefst quälende Unverschämtheit, diese uns heute voll erkennbaren Zusammenhänge und wissenschaftlichen Fakten zu überhören und stattdessen ganze Industrien des Unzureichenden, bzw. Zerstörerischen zu installieren. Was für eine Schande sind entsprechende Maßnahmen in unserer Gesellschaft, z.B. im Geist einer ehrfurchtslosen Gynäkologie, oder mithilfe von Institutionen wie pro familia, dieser Unterabteilung einer internationalen Abtreibungslobby!

Das alles wird heute noch potenziert durch die Gender-Mainstreaming-Ideologie. Was für eine verwirrende neue Regelung, mit dem Ziel, die Geschlechtsunterschiede auszuschalten! Das ist eine verrückte Einflüsterung des Bösen! Es lässt sich doch das kunstreiche Angeborensein der Geschlechtsunterschiede nicht verleugnen und der Menschheit weismachen, sie könnte durch Erziehung bei ihren Kindern andere, unnatürliche geschlechtliche Lebensformen selbst bestimmen! Das sind überhebliche, grenzüberschreitende Auswüchse. Jedem Menschen mit einem gesunden Menschenverstand wäre diese Teufelei ganz gewiss erkennbar, wenn er sich nur allein schon mit den wissenschaftlichen

Fakten, die heute so besonders klar auf dem Tisch liegen, informierte und sich daher diesem Mainstream nicht anschließen würde.

Aber leider beweist sich auch hier einmal mehr, dass der von Gott eigentlich zur Freiheit bestimmte Mensch auch der großen Gefahr unterliegt, verführt zu werden. Wie sehr müssen wir deshalb daran mitzuwirken versuchen, dass ein Fragen nach dem Willen Gottes wieder vorrangig wird und man diesem folgt. Wie sehr brauchen wir Erweckung, um nicht den Zorn Gottes heraufzubeschwören! Kürzlich berichtete mir eine Schwangere, die nach bangen Jahren endlich guter Hoffnung war, aber mit der Angst vor einem Abort im Wartezimmer des Frauenarztes saß, dass sie mit vier Frauen habe warten müssen, bei denen klar war, dass sie eine Abtreibung vornehmen würden.

Hatte man diese Frauen wirklich darauf aufmerksam gemacht, wie schwer es ist, wenn ihnen später dieses Geschehen als ein tiefer seelischer Schmerz zum Bewusstsein kommt? Nur allzu häufig bildet sich dann ein postabortives Trauma aus, das auch durch Therapeuten nicht einfach löschbar ist.

Wie nötig ist es, dass wir auf den Willen unseres Gottes hören, in der Hoffnung auf Segen und seelische Kraft!

1.2 Die Phase der ersten Lebenszeit

In einem Fernsehfilm wurde kürzlich ein junges Paar gezeigt. Es war erkennbar, dass die Geburt ihres Kindes unmittelbar bevorstand. Der junge Vater wurde gefragt, ob sie das Kind stillen wollten. Dieser antwortete, das hätten sie noch nicht so recht entschieden. Beides hätte ja Vor- und

Nachteile. Bei der Flaschenfütterung könnte schließlich auch er oder sonst jemand das Kind füttern. Doch am Gesichtsausdruck beider ließ sich ablesen, dass sie diesen Entschluss jetzt bereits für den richtigen hielten.

Auf jeden Fall entspricht diese Antwort erstens den Erwartungen des Filmemachers und deutet zweitens auf eine Einstellung hin, die in unserer Gesellschaft bei solchen Fragen mehrheitlich vertreten wird, nach dem Motto: Abgestillt wird die Mutter schneller frei vom Kind und kann bald wieder erwerbstätig sein. Doch längst weiß die neue Forschung: Einer optimalen Entfaltung zur seelischen Gesundheit im Erwachsenenalter entspricht das nicht und damit auch nicht dem Willen Gottes.

Was aber ist hierbei dessen Wille? Das lässt sich leicht wissen, denn er ist ein uns Liebender, ein dem Leben Verschriebener. Das zu erkennen, lässt sich aus dem jeweiligen Status des Kindes bei nachdenklicher Beobachtung sogar in Augenschein nehmen: Wenn man das Kind abgenabelt auf den Bauch der Mutter legt, beginnt es – obgleich es seinen Kopf noch gar nicht halten kann – sich mit seinen sich abstoßenden Beinchen zur Brust hinzurobben und unverzüglich Saugbewegungen zu machen, nachdem es zur Quelle gefunden hat. Wenn ihm das mit ein wenig Nachhilfe von der Mutter voll gelungen ist, beginnt es unverzüglich die ersten Tropfen des Kolostrums, der Erstmilch, zu ersaugen. Und laut schreiend fängt es an zu protestieren, wenn man es jetzt von der Mutter entfernt. Auf diese Weise wird der Mutter geradezu der richtige Weg zum Willen Gottes gewiesen; denn dieser ist an den natürlichen, situationsbedingt einsetzenden Gegebenheiten leicht zu erraten! Heute können wir darüber hinaus sogar per Wissenschaft feststellen, dass aus jeder mütterlichen Brust die dem Kind persönlich zugedachte optimale Nahrung als das Richtige bereitgestellt wird. Die Mutter ist also die ihrem Kind in dieser Situation zugedachte Person. Sie verfügt über die echt angemessene Nahrung und ist deswegen normalerweise in der Lage, sie dem Kind zur Verfügung zu stellen. Und das ist noch nicht einmal genug Hinweis auf den Willen Gottes: Die neue Forschung hat darüber hinaus erkundet, dass Mutter und Kind während des Geburtsvorganges ein allein dafür entwickeltes Hormon zur Verfügung gestellt bekommen, das Oxytocin. Dieses wird bei beiden sogar in einer hohen Portion ausgeschüttet und hat die geradezu wunderbare Eigenschaft, all die bedrohlich schmerzhaften Prozesse der Geburt dennoch mit einer kraftvoll positiven Stimmung zu versehen. (Wissenschaftler haben dieses Hormon zunächst bei werfenden Katzen herausgefunden.)

Es gehört zu den sogenannten „Glückshormonen" und wird auch mit Berechtigung das „Bindungshormon" genannt; denn zusätzlich fand man heraus, dass Kinder, die in den ersten Monaten ihres Lebens natürlich gehalten werden, auch durch dieses Hormon eine Bindung an die Person entwickeln, die ihnen durch ihre Nähe zum Lebenswachstum verhelfen soll. Auch hieran lässt sich also erkennen, wie Gott die Entfaltung des einzelnen Menschen geplant hat. Diese geheime „Vorschrift" unseres Gottes enthält im Grunde eine erhebliche Stringenz; denn ihre Nichtbeachtung kommt regelmäßig im Verhalten des Kindes zum Ausdruck. Es wird unruhig. Es fordert, ohne darüber ein Bewusstsein zu besitzen, man möge ihm zum Richtigen verhelfen, zumal in den eben beschriebenen Vorgängen die Hinweise Gottes nicht etwa nur allein bestehen: In dem zum Leben erwachenden Kind reifen durch seine Erfahrungen im Gehirn weitere Möglichkeiten, zu seinen Lebensnotwendigkeiten zu kommen. So entsteht nach wenigen Wochen z.B. der Gesichtssinn beim Kind und damit seine Möglichkeit, das Gesicht der Mutter zu fixieren. Das tut es dann zunächst geradezu vorrangig. Es starrt der Mutter ins Gesicht, wissen die Neurologen – in die Augen, aber auch zunehmend mehr auf den sprechenden Mund – mit dem Versuch, dieses Sprechen nachzuahmen. Und lustigerweise erhält die Mutter eine beglückende Rückmeldung, wenn sie sich diesem Bedürfnis des Kindes entsprechend verhält: Es erwidert mit leuchtenden Augen ihr Lächeln!

Nehmen wir nun noch die Forschungsergebnisse hinzu, die besagen, dass sich durch eine große Häufung des mütterlichen Ansprechens jetzt der spätere Wortschatz so vorbereitet, dass später dann das Kleinkind mithilfe des erstarkenden Gehirns besonders wortreich zu sprechen beginnt. So wird uns auf alle Weise eindeutig vermittelt, was für das mütterliche Verhalten dem Kind gegenüber unumgänglich ist: die direkte Nähe zum Neugeborenen und die liebende, opferbereite Hingabe an das Kind – noch weiter samt ihrem Leib und gleichzeitig mit ihrem liebenden Herzen! Das ist der Wille Gottes. Und das ist erstaunlicherweise auch der Weg zu Ausgeglichenheit in der Stimmung sowie zur Liebes- und Leistungsfähigkeit des Menschen im Erwachsenenalter. Geradezu zwingend gilt es zu lernen, dass wir mit unseren Neugeborenen in den ersten drei Lebensjahren so natürlich umgehen müssen wie mit unseren Haustieren, weil Gott den Menschen „aus Erde gemacht",und das heißt, unseren Leib und seine Entfaltung den Naturgesetzen unterworfen hat. Auch sein Geist also, der „Hauch" Gottes, sein „lebendiger Atem" ist im Kind dann schon vorhanden, (s. Genesis); aber bewusst SEIN „Abbild" werden zu können, dazu bedarf es einer weiteren Ausreifung seines Seins und eines sorgsamem Erziehens durch die ihm vertrauten Personen in seinem Umfeld.

Es ist mehr als eine menschliche Tragödie, dass in unserer Gesellschaft der Glaube, und damit das Hinaufhören zum Schöpfer, so in Vergessenheit geraten ist, dass sogar der mütterliche Instinkt für ihr richtiges Verhalten gegenüber Säugling und Kleinkind oft gar nicht mehr präsent ist, wie es das junge Paar am Anfang dieser Ausführungen beweist. Aber im Grunde ist all das Unterlegt-Sein von Gottes Willen bei Mutter und Kind zumindest als unbestimmtes Gefühl vorhanden. Und bei den meisten jungen Paaren kommt das immerhin auch heute noch in dem Augenblick zum Ausdruck, in dem sie zum ersten Mal ihr Baby in den Armen halten. Viele junge Eltern haben mir mittlerweile berichtet, dass sie vor Glück, mit einem Gefühl übermächtiger Hinwendung, diesen Augenblick als den schönsten ihres Lebens empfunden haben. Was für eine mächtige Verwirklichung des Willens Gottes! So zeigt sich, dass es dem Schöpfer als Ziel mit seinem Geschöpf Mensch vor allem darauf ankommt, den Menschen durch die tiefe Liebe seiner Eltern zum Lieben zu befähigen.

1.3 Die Phase der Selbstbehauptung

Nicht allein nur im Mutterleib und in den ersten beiden Lebensjahren lassen sich im Entfaltungsprozess des Kindes die Spuren eines Hauptstroms von Gottes Willen erkennen, sondern sehr tiefgreifend ebenfalls in seinem 2. bis 7. Lebensjahr. Erst im Grundschulalter hat sich nämlich das Stirnhirn so weit entfaltet, dass das Kind dieses sein

Instrument direkt mit Worten zu füttern vermag. Dadurch wird es nun auch verbal wirkungsvoll erziehbar. In den Jahren zuvor haben die Zeitfenster Vorrang, in denen seine Handlungsgrundlagen durch Eindrücke und Vorbilder in seinem Umgebungsbereich in das Erinnerungs-Areal seines Gehirns, dem Hippocampus, eingebaut worden sind. Im Folgenden soll dargelegt werden, wie das im Zeitfenster der Selbstbehauptung des Kindes vom 2.-5. Lebensjahr vor sich geht; denn auch hier lässt sich die Handschrift von Gottes Willen erspüren.

Ein Beispiel: Eine junge Mutter klagt per Mail: „Ach, mein bisher einziges Kind, Maximilian und ich, hatten von seiner Geburt an in den nächsten zwei Jahren eine so schöne Einigkeit. Aber auf einmal ist das vorbei. Bei den verschiedensten Anordnungen von mir sagt der Bub einfach: ‚Nein'. Und wenn ich ihn dann strafend anschaue und drohend erwidere: ‚doch', rutscht er auf den Boden, haut seinen Kopf auf den Teppich und fängt mörderisch an zu brüllen. Ich stehe daneben und erkläre ihm, warum er jetzt z.B. die Winterjacke anziehen muss, weil er sonst krank werden würde in der Kälte draußen. Aber ich kann das noch so oft wiederholen, seine Schreisirene verstärkt sich noch. Und es ist sogar so, als wenn er sich nicht wieder aus der Wut befreien könnte. Mich beschleicht bei solchem Benehmen eine große Angst mit vielen Fragen. Hat der Junge ein aggressives Erbe in sich? Es gibt doch in der angeheirateten Familie einen Erwachsenen, der hochgradig cholerisch ist. Hat mein kleiner Sohn vielleicht ein solches Familienerbe in sich? Oder – und das macht mich geradezu schlaflos – wird er hier direkt schon vom Teufelsgeist des Bösen abgeholt? Und wie reagiere ich darauf? Müsste man da nicht den Anfängen wehren?

Mit meinem Mann habe ich bisher vergeblich darüber zu sprechen gesucht. Wenn er müde heimkommt, und sein Sohn gerade eine Wutattacke hat, dann verschwindet er sofort wieder aus dem Zimmer. Spreche ich ihn mit meiner Sorge am Abend an, sagt er: ‚Du nimmst das alles zu wichtig. Kleine Buben sind so. Später gibt sich das.' Dann fühle ich mich mit dem Problem allein gelassen. Eine Freundin mit einem Buben im gleichen Alter berichtete Ähnliches. Aber ihr Mann nehme dann das Kind hoch und schlage es auf den Windelpaket-Po. Danach herrsche Ruhe, meine er triumphierend. All das modische Getue, Kleinkindern nicht deutlich genug zu zeigen, wo es langgeht, sei eben theoretischer Unsinn, sage er. Wie komme ich mit diesem Problem zurecht? Bitte helfen Sie mir!"

Auf dieses so oft in Erscheinung tretende Thema habe ich in meinen Büchern, besonders in „Erziehen lernen" sehr ausführlich geantwortet und damit auch dieser besorgten Mutter. Hier in Kürze nur das Wichtigste: Als Erstes ist es dringlich, dass sie versteht, welchen Stellenwert solche Proteste der Kinder, ihr häufiges Nein-Sagen, besonders der Buben, in diesem Alter hat. Wenn das Kind das Laufen und das sich Einfinden in seine Umgebung im zweiten Lebensjahr genug geübt hat, tritt bei einem gesunden Kind ein weiterer Zeitabschnitt der Entfaltung in Kraft: die körperliche Erstarkung. Es wird von innen gedrängt, seine Selbstständigkeit auszubilden; denn diese braucht es, um sich später in seinen Beziehungen zur Welt selbst behaupten zu können.

Und an dieser Notwendigkeit lässt sich auch sogar Gottes Wollen erkennen; denn schließlich liebt unser Gott jeden einzelnen Menschen, den er – wie bereits ausgeführt – mit einem individuellen Plan entworfen hat. Bereits in das befruchtete Ei hat ER das eingegeben. Gott möchte, dass dieses sein Kunstwerk Kind kraftvoll lebensfähig wird, weil er es liebt und Hohes mit ihm vorhat. Ja, ich möchte noch ausdrücklicher sagen: Aus diesem Grund ist der Mensch überhaupt „aus Erde gemacht" worden. Und das heißt, (es sei wiederholt) das Kind ist zunächst dominant Entwicklungsbedingungen der Natur unterworfen; denn auf einer solchen festen irdischen Basis kann der Heranwachsende – von guten Pädagogen geleitet – eine eigene Urteils- und Entscheidungsfähigkeit aufbauen, wie Gott sie sich für seinen freien Mitarbeiter, den geistig mündigen Menschen, ersehnt.

Das aufmüpfige Verhalten des Kleinkindes muss also positiv gesehen und seine Versuche zur Befreiung als ein gesunder Entwicklungsimpuls verstanden werden. Das schafft bei der jungen Mutter im Umgang mit dem Kind als Erstes einmal die notwendige Gelassenheit. Ihr kleiner Sohn, so kann sie jetzt annehmen, ist weder krank, erblich belastet oder bereits gar böse. Er muss erst noch üben, sich im rechten Maß zu behaupten. Im Allgemeinen dient dazu eine Schar von Geschwistern. Ähnlich wie die Rudeltiere balgen die Jungen miteinander, um sich auf diese Weise in Bezug auf ihre eigene Selbstbehauptung zu stärken.

Wie kann im einzelnen Fall der Umgang mit dem Trotz aussehen? Am besten schaltet die Mutter sich zunächst einmal aus. Während sie sich mit etwas Anderem, Nützlichen beschäftigt, wartet sie, bis die Schreisirene verebbt. Je schneller sie sich also ein wenig entfernt, umso schneller kann sich das Kind beruhigen. Denn in diesem Prozess der Verselbstständigung nimmt das Kind ja unbewusst eine Abwehr gegen die Mutter vor, nicht, weil es sie nicht mehr mag, sondern um seine von Gott gewollte Eigenständigkeit und damit seinen Freiheitsspielraum vorzubereiten. Dazu muss auch „Nein-Sagen“ eingeübt werden. Aber noch ist das Kind zu klein, um solche Vorgänge bewusst zu begreifen und sich zu bezwingen. Aber selbst der Mutter sind diese Zusammenhänge meist unbekannt.

Ohne dieses Wissen kommt in der Mutter nur allzu leicht der Gedanke auf, das Kind verweigere ihr mit diesen Wutanfällen seine Liebe. Das ist eine besonders gefährliche Fehlmeinung; denn das dreijährige Kind ist ja noch viel zu unselbständig und braucht außerdem auch noch ihre Nähe und ihren Schutz. Wenn der Bub (oder evtl. auch ein kleines Mädchen) sich nun von seinem Wutanfall erholt hat, sollte man am besten mit einem Papiertaschentuch erneut in den Raum treten, das Kind aufnehmen, auf den Schoß setzen und mit dem Tuch die Nase drücken: „Nun erst mal ausschnauben, ei, da war die Wut ja mächtig im Gange! Komm, wir gehen jetzt erst in die Toilette, und du spülst ihn herunter, damit er dich nicht mehr plagt.“ Gleichzeitig wird die Jacke übergezogen.

Auf solche oder ähnliche Weisen entsteht kein bedenklicher Riss in der Mutter-Kind-Beziehung. Wenn das Kind bisher eine gesunde Entfaltung erlebt hat, empfindet es nämlich seine eigene Wut als etwas Unangemessenes, ja etwas Fremdes, ihm nicht Zugehöriges. Und diese Gefühle lassen sich übrigens bei Wutanfällen von Erwachsenen ebenfalls feststellen! Ein solches Verstehen ist sehr wichtig, weil bei Beratungen von Erwachsenen mit Zwangsstörungen immer wieder entdeckbar ist, dass diese sich bereits in der frühen Kindheit eingeprägt haben. Das ist besonders dann der Fall, wenn über das Kleinkind allzu hartnäckig und unablässig bestimmt worden ist. Dann bleibt dem Kind schließlich nichts anderes übrig, als sich der Übermacht total zu beugen. Aber das ist dann eine sehr übliche Reaktion: Die Natur im

Menschen lässt das nicht so ohne Weiteres zu. Ein Kind, das in diesem Alter zum Super-brav-Sein gezwungen wird, verpasst damit das Zeitfenster zum Einüben der elementaren Basis seiner Selbstbehauptung. Die nicht verdrängbare Natur zeigt sich dann in nach Innen gewendeten Verhaltensstörungen, wie z.B. Sich-selbst-Zerbeißen, besonders an den Fingernägeln, Zerkratzen, Haare-Reißen, Haut-Einritzen und vielerlei störenden Verhaltensweisen mehr. Oder es entsteht – bei weniger angeborener Vitalität – eine Form des Duckmäusertums. Es entwickeln sich Verlangsamungen, Skrupelhaftigkeit und selbstbehindernde Phantasien. Dadurch sind Menschen mit einer solchen Vorgeschichten oft sogar lebenslänglich beeinträchtigt. Diese können als Merkmale der Resignation des Eigenwillens erkennbar gemacht werden.

Als Kinderpsychotherapeutin habe ich die traurige Erfahrung machen müssen, dass diese wissenschaftlich erforschten Zusammenhänge bei den Erziehenden im Allgemeinen unbekannt sind.

Um solchen, tragischerweise falschen Erziehungsformen zu entgehen, ist ein Durchbrechen der Ignoranz nötig. In umgrenztem Rahmen ist für das Kind in diesem Alter eben eigenständige Entfaltung unumgänglich. Diese Zeit ist das Zeitfenster zum Einüben eines selbstständigen Willens. Das Kind dann zu dressieren – schon ganz und gar mithilfe von Gewalt und Kollektivierungen – schadet also seiner von Gott gewollten individuellen seelischen Ausgestaltung. Ein großzügiges Gottvertrauen ist also in Bezug auf diese Altersphase der Kinder beim Umgang mit ihnen nötig! Es müssen aber andererseits auch ihrem ungestümen, noch unvernünftigen Drängen nach Selbstbehauptung und Freiheit Grenzen gesetzt werden. Besonders in einer geordneten Struktur des

Familienlebens ist das möglich. Denn in diesem Alter ist es förderlich, dass das Kind – außer seinen Freiheitsdrang einzuüben – sich trotzdem noch in eingebahnten Strukturen geborgen fühlen kann.

Bilanz: Freiraum und Grenze sind in dieser Kleinkindzeit das erzieherische Gebot. Die gute Erfahrung einer lockeren Umgangsweise mit dem Kind in dieser Phase kann uns die Einsicht vermitteln, dass der HERR für dieses Zeitfenster die Erstarkung eines gesunden ICH vorgesehen hat. Deshalb auch hat er den Menschen aus Erde gemacht. Der Mensch soll jetzt eben das Erstarken seiner physischen Kräfte einüben, um dem Leben zwischen Dornen und Disteln auf dieser Erde gewachsen zu sein. Erst auf einer solchen Basis, unter Zuhilfenahme der natürlichen Impulse im Kleinkind, hofft unser Gott, dass dann der Jugendliche zu einer Disziplinierung seiner großmächtigen Naturtriebe fähig wird, damit er für seine eigentliche Bestimmung, der geistigen Hinwendung zu Christus, aufgeschlossen wird. Nur so können sich in ihm auch die kreativen Begabungen entfalten, die der HERR in seine freien Mitarbeiter gelegt hat. Aber direkte Anregungen dazu gelingen erst im Schulalter, weil das Gehirn des Kindes dann erst dafür reif ist, von ihm voll eingesetzt zu werden.

Eine solche Einsicht der Pädagogen ist von hoher Bedeutung. Sie brauchen die Beachtung der Entwicklungsphasen des Kindes. Deshalb ist es erleichternd, wenn sie sich an die Vorstellung halten, dass Gott will – zunächst mithilfe der Naturkräfte im Kind – dass der Mensch zu einer eigenständigen geistigen Freiheit und damit zur Menschlichkeit heranreift, weil ER sich den Menschen als seinen eigenständigen Mitarbeiter auf Augenhöhe ersehnt. Das erfordert allerdings die Einsicht des Erziehenden in die Schöpfungsordnung und seinen freiwilligen Entschluss, dem HERRN in diesem Rahmen hellhörig zu dienen.

Das heißt aber gleichzeitig, mit vorzubeugen, dass das Kind mit seinem ICH nicht Wucher treibt und dieses im Erwachsenenalter womöglich auf den Thron setzt; denn – so rät uns nachdrücklich Jesus Christus: „Der Diener darf nicht höher stehen als der Herr." Und das will heißen: Der junge Mensch darf sein ICH nicht zu seinem höchsten Lebenswert ernennen; denn dann kann das wuchernde ICH sogar zu einer Machtanmaßung entarten. Dann hat ihn nur allzu leicht wirklich die Sünde – und das heißt die überhebliche Abtrennung vom Schutzraum Gottes – am Kragen.

Gläubige Menschen braucht das nicht zu ängstigen; denn unser HERR hat die eigentliche, die endgültige Befreiung des Menschen von aller Schuld durch die unermessliche Liebesgabe von Christi Opferung – mit seinem Kreuz also – für alle Zeiten vollzogen!

1.4 Die Phase der Identitätsfindung

In diesem letzten Beitrag des ersten Teils soll vermittelt werden, dass für die spätere seelische Gesundheit die Phase der Identitätsfindung ebenfalls sehr bedeutsam ist. Und auch hier lässt sich erkennen, dass eine gesunde natürliche Pädagogik dem Willen des uns liebenden Gottes entspricht.

Bei einem 5-jährigen Kind erwacht – auf dem Boden des physischen Status und seines durch Erfahrung angereicherten Gehirns – eine nun bereits bewusstere Handlungsmöglichkeit. Der kleine Junge lechzt nach Abenteuern, das kleine Mädchen nach Gemeinschaft. Aber Gott lässt die Kinder auch fragen: Wer ist es, der mir hier rechte Orientierung gibt? Wer von den nahen Erwachsenen in meinem Umfeld lässt mich ahnen, was aus mir werden soll? Das Gespür, als Junge und als Mädchen verschieden zu sein, ist zwar von ihnen als Selbstverständlichkeit aufgenommen worden; aber nun taucht die Frage auf: Was wird daraus werden? Mit leiser Stimme – als ein Gespür des Kindes von innen her – fügt der Herr hinzu: „Junge, dazu hast du einen Papa. So ein starker Mann wie er kannst und sollst du werden!" Und vice versa heißt das im Bezug auf das Mädchen: „Dazu hast du eine Mutter, eine Frau wie sie kannst du werden." Das ist angewandter Nachahmungstrieb. Das ist das Grundmodell von Gottes Plan, das jedem praktizierenden Entwicklungspsychologen beim Umgang mit Kindern dieses Alters bekannt wird. In der Fachsprache heißt das: Das Zeitfenster der 5-7-Jährigkeit enthält die Phase der Identitätsfindung des Kindes.

Nun aber können wir durch Beobachtung in der Realität des kindlichen Verhaltens erkennen, dass diese entwicklungsbedingte Vorgabe Gottes durch vielfältige Störungen von außen geradezu anfechtbar ist. Schon ganz und gar auch heute hat nicht jeder Bub einen vorbildlichen Vater, der, seinem kleinen Sohn zugewandt, Orientierungshilfe verleiht. Nicht jedes kleine Mädchen hat eine Mutter, die – seelisch fest gegründet – in der Lage ist, ihm durch ihre Art, sich zu verhalten – Anreiz und Freude zum Frau-Werden vermittelt. Und das Gehirn der 5-7-jährigen Kinder ist bereits soweit entwickelt, dass es dem Kind ermöglicht, auch schon kritische Fragen zu stellen. Wenn z.B. ein Bub in diesem Alter regelmäßig erlebt, dass Vater an jedem Freitagabend betrunken nach Hause kommt, die Mama oder auch ihn schlägt, ein Bub, der erlebt: Wenn etwas Gefährliches auftaucht und die Familie Schutz braucht, ist Vater nie da, ein Bub, der zu ertragen hat, dass der Vater Mama immer wieder zum Weinen bringt, sie auch mit Beleidigungen quält, aber bei anderen Frauen den großen Macker spielt, entwickelt dann leicht einmal Abscheu gegen diesen und will gewiss nicht ein Mann werden wie er. Meist geht er dann instinktiv auf die Suche nach einem Ersatz. Und im besten Fall findet er den auch, z.B. in einem vorbildhaften Grundschullehrer, einem jungen Priester, dem Leiter eines Sportvereins.

Aber wenn ihm dergleichen tragischerweise nicht zur Verfügung steht, kann er auch bei entsprechender Gelegenheit den Einfall bekommen; „Dann werd' ich eben später einfach eine Frau wie Mama; denn die ist gut."

Wenn beim Mädchen in ähnlichem Fall die Mutter nicht das zum Frau-Werden anregende Vorbild ist, pflegt auch das kleine Mädchen meist auf die Suche zu gehen nach einer Person, an die man sich emotional anschließen kann. Und oft findet das Mädchen diese auch z.B. in einer Kita-Erzieherin oder in der ersten Lehrerin. Oder wenn dieses Mädchen etwa einen sich ihm warm zuwendenden Vater hat, beschließt es in diesem Alter auch gern einmal, dann eben keine Frau, sondern ein Mann zu werden.

Wir Psychotherapeuten machen die Erfahrung, dass die Kinder solche ihnen in diesem Alter wichtigen Wünsche im Laufe der nächsten Jahre wieder vergessen. Das Einfinden in ein Gemeinschaftsleben hat sich als ein Zeitfenster geöffnet und prägt nun bis in die 14-15-Jährigkeit hinein sein Entfaltungsklima. Aber dann taucht in der Pubertät die Phase einer gründlicheren Nachdenklichkeit über sich selbst auf: „Wer bin ich? Tauge ich eigentlich etwas? Werde ich geliebt und anerkannt? Bin ich überhaupt anerkennenswert?" Bei seelisch gesunden Jugendlichen wird ein befriedigendes Resümee gezogen und ist damit zunächst einmal vom Tisch. Aber je brüchiger das Umfeld, je unzureichender die Grundbasis, umso leichter tauchen die Urwünsche der Kinderzeit wieder auf. Dann wird bei beiden Geschlechtern nach einem gangbaren Status gesucht, nach etwas real Lebbarem, nun, nachdem auch die Sexualität zu einem drängenden Faktor in der Seele geworden ist. Standfestigkeit – auch durch eine originelle Form des Sexualverhaltens – zu gewinnen, kann auf diese Weise – schon ganz und gar, wenn die Umwelt das favorisiert, – dann als eine Lebensmöglichkeit erscheinen.

Um die Wichtigkeit der vierten Phase der ersten Lebensjahre aufzuzeigen, war es unumgänglich, über diese erforschten Zusammenhänge und damit auch über die Entstehungsweisen der Perversionen in Andeutung zu berichten. Denn diese sind mehrheitlich nicht angeboren, sondern vom Schicksal aufgenötigte Lebensformen. Ihre Entstehungsweisen gründen meist im vierten Zeitfenster der frühen Kindheit.

Doch vorgegeben vom Herrn ist unseren Kindern in den ersten sieben Lebensjahren die Verfestigung gesunder Lebensbausteine, sowohl leiblicher wie seelischer Art. Sie werden mit Nachdruck eingeprägt und im Gehirn verfestigt, so dass dadurch eine lebenslängliche Charakterfärbung entsteht. In diesen Bausteinen enthalten ist auch die hormonell bedingte Gegebenheit, als Junge oder Mädchen geboren zu sein. Die natürliche Neigung, dem im Genital bereits erkennbaren Geschlecht zu folgen, also als Junge ein Mann oder als Mädchen eine Frau zu werden, ist das gesunde, das von Gott gewollte und in dieser Weise seit der Zeugung des Einzelnen hormonell anberaumte Modell. Und Menschen mit einem gesunden Verstand leuchtet das auch ein; denn nur auf dem Boden solcher Entscheidungen ist Familie mit leiblichen Kindern möglich. Bereits an der Zielhaftigkeit der Geschlechtsunterschiede lässt sich erkennen, dass diese vom Schöpfer aller Dinge vor allem zur Ausgestaltung der Familie geschaffen worden sind; denn hier lässt sich opferbereite Liebe am ehesten verwirklichen und damit kultivierte Zukunft am ehesten vorbereiten.

Die anthropologischen Schlüsse, die aus den praktischen Erfahrungen und aus der neuen Hirn- und Hormonforschung zu ziehen sind, möchte ich noch einmal zusammenfassen:

Bis zum 7. Lebensjahr entfalten sich also in vier Zeitfenstern die vier Bauteile der physischen Lebensgrundlage des Menschen in gänzlicher Abhängigkeit von den Außeneinflüssen. In diesen ersten vier Prägungsphasen unterliegt das Kind noch Lebensbezügen, die in erheblichem Maße denen der höheren Säugetierarten ähnlich sind. Noch wird das Kind durch seine Natur bestimmt. Das hat Gott bei der Menschwerdung in dieser Weise eingerichtet, damit der Mensch in seiner begrenzten Lebenszeit hier auf der Erde überleben kann, indem er den physischen Anforderungen, die auf ihn einprasseln, gewachsen ist. Das bedeutet nicht, dass er ein Tier ist; denn innerhalb dieser Zeit lässt sich auch bereits erkennen, dass Gott den Menschen nicht allein aus „Erde“, und das heißt nicht nur aus Materie gemacht hat, wie es in der Genesis richtig heißt, sondern dass er jedem Menschen gleichzeitig SEINEN Geist als „SEINEN Lebensatem eingehaucht hat“ (Gen 2,7).

Während der Wachstumsphasen – so erhofft es sich der Schöpfer vermutlich, möchte im Kind, von guten pädagogischen Kräften hoffentlich wohl geleitet, allmählich ein Gespür für das Gute und Wahre – und damit für seine geistige Bestimmung als Mensch aufkeimen. Beim Umgang mit seelisch gesunden Grundschulkindern lässt sich das beobachten:

Zwar ist das Grundschulkind wie in den Jahren zuvor mit seinem hoffentlich gesund entwickelten Selbstbehauptungswillen weiter darauf bedacht, als ein Starker in Erscheinung zu treten und sich einen guten Platz in der Klassengemeinschaft zu erobern; aber im besten Fall beginnt es auch ein Gespür dafür zu entwickeln, dass es nicht allein und immer nur darauf ankommen kann, sich das beste Stück vom Kuchen zu angeln und der von allen Geliebteste sein zu wollen, sondern, dass seine Seele am ehesten so recht tief zufrieden wird, wenn es dies alles bei Gelegenheit auch mal ein wenig hintan stellt und stattdessen etwas Liebes, etwas Gutes, etwas Schönes, etwas super Sauberes, etwas Edles zustande bringt. Allein sein Ego in den Mittelpunkt zu stellen, beginnt bereits in diesem Alter für das Kind ein Geschmäckle zu bekommen – jedenfalls, wenn es seelisch gesund ist.

Wie gesagt, so wäre es im besten Fall, aber das Kind ist bis in sein junges Erwachsenenalter hinein weitgehend von den Außeneinflüssen seines Umfeldes abhängig, und diese sind – besonders in unserer Zeit jetzt – nicht ohne Weiteres für die seelisch-geistige Ausreifung des Kindes zur Menschlichkeit förderlich. Wer sich allerdings an die Bibel und an die eben erwähnte zweite Aussage der Genesis hält, die besagt, dass der Mensch nach dem „Abbild Gottes" geschaffen ist, kann sich wohl vorstellen, dass sich hier schon im Kind ein Wollen zeigt, das die natürliche Egozentrik einzuschränken vermag und – noch unbestimmt – mehr, irgendwie Höheres zu erreichen sucht. Das lässt sich als praktisch arbeitender Kindertherapeut an den meisten Kindern vom Schulalter ab erkennen. Es will nicht mehr klein sein. Das heißt: Es will irgendwie nicht mehr in einer Ich-bestimmten egozentrischen Kindlichkeit der ersten Lebensjahre stecken bleiben. Das macht einsichtig, wie wahr die biblische Erkenntnis ist, dass Gott den Menschen mit einem weit gesteckten Spielraum schuf, weil er es anpeilt, dass der Mensch sich als Erwachsener in freiem Entschluss und verantwortungsbewusster Erkenntnis für ein Leben in Gottes Geist entscheidet.

Und das heißt: Zwar soll der Mensch – in Gottes Naturordnung eingebettet – zunächst in all seiner mentalen Hilflosigkeit, sorgsam individuell liebevoll gepflegt und angeregt – eine kraftvolle Lebensgrundlage entfalten, um überleben zu können. Im Laufe seiner Kindheit und Jugend – so bestätigt das nun auch die Hirnforschung den Pädagogen – bedarf es jedoch darüber hinaus noch vieler Orientierung gebender Halteseile, am besten durch einen christlich ausgerichteten Religionsunterricht, mit dem Ziel, dass in dem so geleiteten Schüler eine echt menschliche Lebensform möglich und erstrebbar wird. Wie beim Schmetterling die Raupe kann der Mensch dann seine kreatürlichen Bedürfnisse zwar als seine immer noch weiter existierende notwendige Lebensbasis erleben, ja, als Gottesgeschenk genießen. Aber er kann sich dann eher als ein echter Mensch in freier Mitarbeit in Gottes Schöpfung einbringen.

Eine solche geistig-seelische Reife ist dann aber auch daran erkennbar, dass der Herangewachsene nun in der Lage ist, Gottes Willen in entsprechenden Entscheidungssituationen zu folgen, obgleich das zunächst schwerer ist, als dem drängenden Ich weiter vorrangig nachzugeben. Dieses ist allerdings eben keineswegs eine alleinige eigenständige Leistung der jeweiligen Person. Ja, das gelingt selbst bei den sogenannten „Wiedergeborenen" selten einmal ohne gelegentliche Rückfälle in die infantile Egozentrik hinein. Aber grundsätzlich ist die Möglichkeit zu einem bewussten Hinauffragen zu Gott bei allen maßgeblichen Lebensentscheidungen in einem reif gewordenen Erwachsenen gegeben – zumindest seit Gottes Inkarnation und den Klarstellungen durch Jesus Christus.

Wie ich zuvor ausführte, hat die DNA-Forschung nun gewissermaßen praktisch erwiesen: Es ist sogar bereits unmittelbar nach der Zeugung Gottes Wille für jeden Einzelnen als eine jeweils individuelle Anlage festgelegt und neuerdings auch als wissenschaftliches Ergebnis bestätigt worden.

Es stellt sich also in unserer Zeit immer mehr heraus, dass der Mensch in der Tat von Gott als „die Krone der Schöpfung" gedacht, erschaffen und mit unvorstellbar unermesslicher Zuwendung und Liebe für jeden Einzelnen von uns bedacht worden ist.

2. Der Plan Gottes mit dem Menschen in biblischer Sicht

2.1 Die Genesis

Um den Plan Gottes mit seinem Geschöpf Mensch soll es jetzt in zwei weiteren Kapiteln gehen: zunächst um die Geschichte über den Anfang der Menschheit, die Genesis, und danach um die Offenbarungen des Johannes, dem Abschluss der Heiligen Schrift. Das ist natürlich vorab ein Feld der Theologen. Dass ich als Psychologin darüber zu schreiben wage, bedeutet nicht, dass ich mich hier anmaßend eindrängen will, auch nicht, dass ich etwas vereinnahmen und an die Stelle der bekannten Aussagen dieser Texte setzen möchte. Meine Befugnis kann nur darin gründen, dass diese Texte in der Genesis 1-3 und in Offb 1-22 in der Bildersprache geschrieben sind, einer gleichnishaften Sprache, der sich ja auch Christus reichlich bediente, weil Bilder unmittelbar im Unbewussten der menschlichen Seele aufgenommen werden können. In der heutigen Zeit ist diese Methode mit einer entsprechenden Deutung besonders angebracht, da wir alle durch unsere Verschulung zu einer eher abstrakten Sprache erzogen worden sind, die das Verstehen solcher Texte erschwert. Das bewirkt, dass sie oft gar nicht mehr angenommen, sondern stattdessen als Märchen ohne Bedeutung abgetan werden. Das ist aber sehr bedauerlich; denn der Erkenntniswert dieser Aussagen der Bibel ist für alle Zeit enorm groß – auch für unsere Lebensbewältigung heute. Deshalb bedürfen die Texte gewissermaßen der Übersetzung. Dafür besitzt die Tiefenpsychologie Kompetenz; denn analytische Psychotherapeuten beschäftigen sich ja in der Praxis tagaus tagein – besonders durch die unverblümten unbewussten Darstellungen der Kinder, wie auch durch die Träume der Erwachsenen – mit der Entschlüsselung dieser Sprache; denn darin stellt sich das Unbewusste der Menschenseele eben dar! Wir wollen uns jetzt mit den nur wenig gekürzten Texten um die Erschaffung und den Sündenfall des Menschen und danach mit ausgewählten Bildern aus den Offenbarungen des Johannes beschäftigen.

Dazu wollen wir, der biblischen Reihenfolge entsprechend, an den Texten entlang gehen.

In Genesis 1,26-28 heißt es: Dann sprach Gott:

> *„Lasst uns Menschen machen als unser Abbild, uns ähnlich. ... Gott schuf also den Menschen als sein Abbild; als Abbild Gottes schuf er ihn. Als Mann und Frau schuf er sie. Gott segnete sie, und Gott sprach zu ihnen: 'Seid fruchtbar und vermehrt euch, bevölkert die Erde, unterwerft sie euch und herrscht über die Fische des Meeres, über die Vögel des Himmels und über alle Tiere, die sich auf dem Land regen.'"*

In allen Einzelheiten wird diese Herrschaft des Menschen über die natürlichen Geschöpfe des Planeten Erde weiter ausgeführt. Diese Passage – dem sechsten Schöpfungstag eingefügt – ist so etwas wie eine Überschrift von Gottes Plan mit dem Menschen, eine Zuweisung an dieses besondere Geschöpf Mensch. Vor allen weiteren Nuancierungen wird das betont, und zwar wegen der außerordentlichen Bedeutsamkeit mehrfach. Aus dieser Sinngebung des Menschen als Abbild Gottes lässt sich im Umkehrschluss aber auch Einiges ablesen von der Haupteigenschaft unseres himmlischen Vaters! Christus hat sie uns später durch sein Vorbild und seine Predigten dann sogar unverblümt direkt vermittelt: Spätestens seitdem wissen wir, dass Gott Liebe ist, Liebe zu jedem einzelnen Menschen! Liebe soll also dieses Geschöpf erwidern, Liebe zum Schöpfer, der unser Vater ist, Liebe für die Mitmenschen und für das gesamte kreatürliche Schöpfungswerk, als aktiv Handelnder, als Wächter, als Bewahrer, als Beschützender – also ebenfalls von Liebe motiviert. Auf Liebe und ihre Verwirklichung in der Schöpfung ist der Mensch also geradezu programmiert! Dieses Herausgehobensein des Menschen über alle anderen Geschöpfe, diese seine Sinngebung wird im nächsten Passus spezifiziert, bekommt dadurch nun darüber hinaus einen dramatischen Zusatz in Gen 2,7:

> *„Da formte Gott, der Herr, den Menschen aus Erde vom Ackerboden und blies in seine Nase den Lebensatem. So wurde der Mensch zu einem lebendigen Wesen."*

Der Mensch ist also himmlisch geplant, aber sehr erdhaft ausgeführt, das heißt: Er ist in seiner Grundstruktur Natur. „Fleisch", nennt es Christus. (Joh 17,2)

Der Mensch ist also gleichzeitig naturabhängig! Er ist dadurch ein sich entwickelndes, mit seinem Leib auch sterbliches Wesen und wie die Tiere ehernen Naturgesetzen unterworfen. Dieser Unterbau in uns – so habe ich das als Kinder- und Entwicklungspsychologin bereits im ersten Teil ausgeführt – ist in einer erheblichen Quantität und zunächst sogar in dominanter Weise darauf ausgerichtet, das eigene Leben zu erhalten. Der Mensch ist zunächst von Natur aus vorrangig egozentrisch! Unverblümt beginnt das Kleinkind danach zu streben, seine Lebenskraft zu steigern und seinen Spielraum zu erweitern, sich Freiheit durch manchen Ungehorsam zu ertrotzen – oft sogar in einer rigorosen Natur-Mächtigkeit. Entsprechend ist die Hirnentwicklung: Ungestüme Bemühungen um Selbstdurchsetzung sind das Feld der ersten Areale, die sich im Hirn markieren lassen. Von Vernunft und Eigenkontrolle ist beim Kleinkind zunächst nichts zu spüren. Das Areal für Fähigkeiten dieser Art, der präfrontale Cortex, muss noch lange durch Erfahrung mit der Außenwelt gefüttert werden, ehe das Hirn voll in Funktion treten kann.

Da der Mensch also auch heute immer noch aus Erde gemacht ist, darf man das auch beim ersten Menschen annehmen.

Nach der Genesis trägt Gott der Unreife bereits beim ersten Menschen Rechnung, und zwar in folgendem Passus. Da heißt es im Text Gen 2,15-17:

> *„Gott, der Herr, nahm also den Menschen und setzte ihn in den Garten von Eden, damit er ihn bebaue und hüte. Dann gebot Gott, der Herr, dem Menschen: 'Von allen Bäumen des Gartens darfst du essen, doch vom Baum der Erkenntnis von Gut und Böse darfst du nicht essen; denn sobald du davon isst, wirst du sterben.'"*

Hier weitet sich der Text zu einer allgemeingültigen Aussage aus: Wie müssen wir diesen Garten verstehen? Was soll damit an Erkenntnis gewonnen sein? Wenden wir bei dieser Frage die assoziative Methode der Tiefenpsychologen an, so können wir konstatieren: Das Charakteristische eines Gartens ist zunächst die schöne

Gepflegtheit seiner Natur – ihre Verwendung für blütenreiche Ausgestaltung in Schönheit, mit Nutzpflanzen sowie mit schattengebenden und fruchttragenden Bäumen. Charakterisiert als Garten ist dieses Areal aber vor allem durch die Gegebenheit einer Umzäunung. Dadurch ist folgende Deutung zulässig, weil stimmig: Der Spielraum des Menschen soll nach Gottes weisem Ratschluss vor allem Grenzen haben. Und Gottes Garten in seiner großartigen Schöpfungsordnung gibt diese Grenzen nun ja auch in der Tat vor. Der Baum und seine verbotene Frucht stehen für die Vollmacht Gottes und damit für die Begrenzungsnotwendigkeit der Handlungsfreiheit dieses Super-Geschöpfes. Das will erläutert sein:

Der Spielraum des Menschen in Gottes Garten, in all den herrlichen Weiträumigkeiten und Handlungsmöglichkeiten muss für ihn diese Einschränkung erfahren; denn der Garten ist ja nicht sein Eigentum, sondern eine phantastische, eine herrliche Leihgabe des Kreators. Sie enthält dadurch aber eine besondere Verpflichtung. Darin liegt die apodiktische Bedeutung der Begrenztheit des Gartens, und das heißt, sie enthält die Notwendigkeit einer partiellen Begrenzung der Handlungsfreiheit dieses Verwalters. Alles ist doch selbstverständlich in Wirklichkeit Gottes Eigentum!

Das soll und darf auf gar keinen Fall von diesem besonderen Knecht übersehen werden – mit und trotz der Gegebenheit, dass dieser „Mitarbeiter" – von Gott sogar mit Dienst auf Augenhöhe gedacht ist. Das lässt sich daran erkennen, dass dieses Geschöpf mit einer gänzlich außergewöhnlichen Eigenschaft begabt worden ist: der Fähigkeit, selbstständig denken zu können. Genau dieses aber enthält die Gefahr, Gott kühn und unbedacht beiseite zu schieben und die Sache mit dem Garten und allem anderen drum herum in seine alleinige Regie nehmen zu wollen! Aber das wäre eine gefährliche Anmaßung!

Im „Apfelverbot" wird Gottes undurchbrechbare Allmacht für alle Zeit und Ewigkeit endgültig klargestellt. Zwar billigt der Herr dem Menschen mit einem weiten Spielraum herrliche Selbstständigkeit und Eigengestaltung zu, er darf als Gottes Abbild gewissermaßen auf Augenhöhe gemeinsam mit dem Herrn wirken; aber das darf nicht so weit gehen, dass der Mensch den Schutzraum von Gottes Nähe, das Eingebundensein in des Schöpfers Naturordnungen, außer Acht lässt: Über diese Zäune des Garten Edens soll der Mensch bitte nicht klettern; denn das würde ihn schutzlos machen, ja, das würde er letztlich nicht überleben! Denn indem er seinen Meister aus dem Auge verliert, wird er allein in weiter Flur selbst gut und böse nicht mehr voneinander unterscheiden können!

Diese Aussage des Textes bedarf traurigerweise keiner anderen Deutung. Jede Gesellschaft, die z.B. wie wir heute mit unserer Verhütungsindustrie, chronischen Geburtenschwund verursacht haben, kann in der nächsten Generation deshalb nicht mehr genug Arbeitskräfte aufbringen, um ihren Wohlstand zu erhalten und damit die Zukunft zu gewinnen! Solche Gesellschaften verarmen und gehen schließlich als Weltmächte unter, hat uns die Geschichte längst lehren können! Und was für eine Grenzüberschreitung ist unser Umgang mit der Atomkraft! Diese Reihe ließe sich in grausiger Weise verlängern!

Der Garten Eden umschreibt den Schutzraum Gottes, der durch die Nähe zu IHM vorgegeben ist. Ja, wie viele schöpferische Aufgaben – geradezu wie für einen Mitkreator – sieht der Herr für diesen, IHM ähnlichen Diener vor! ER betraut Adam in der harmonischen Zone des Garten Edens sogar damit, die eigenen Begabungen zu entfalten. Hier steht ihm ein reiches Betätigungsfeld zur Verfügung. Dass Adam den Tieren Namen gibt, steht für den hohen Rang dieses Dienstes, die die Freude des Menschen an Erfindungen und an wissenschaftlichem Einfalls- und Ordnungsreichtum einschließt. Das ist mit der Zuweisung „fruchtbar" zu sein im weitesten Sinn dieses Wortes gemeint. Es lässt sich aber auch im wörtlichen Sinn verstehen.

In schönster Bereicherung dieser heilen Welt in Gottes Nähe und unter dessen Regie wird nun noch ein weiteres Geschenk hinzugefügt: Adam erhält eine völlig zu ihm passende Gefährtin. Das wird in folgender Symbolik in den Versen Gen 2,18-25 dargestellt:

> *„Dann sprach Gott, der Herr: 'Es ist nicht gut, dass der Mensch allein bleibt. Ich will ihm eine Hilfe machen, die ihm entspricht'... . ... Da ließ Gott, der Herr, einen tiefen Schlaf auf den Menschen fallen, so dass er einschlief, nahm eine seiner Rippen und verschloss ihre Stelle mit Fleisch. Gott, der Herr, baute aus der Rippe, die er vom Menschen genommen hatte, eine Frau und führte sie dem Menschen zu. Und der Mensch sprach: 'Das endlich ist Bein von meinem Bein und Fleisch von meinem Fleisch. Frau soll sie heißen; denn vom Mann ist sie genommen.' Darum verlässt der Mann Vater und Mutter und bindet sich an seine Frau, und sie werden ein Fleisch. Beide, Adam und seine Frau, waren nackt, aber sie schämten sich nicht voreinander."*

Die Schaffung der Gefährtin enthält in fantastischer Symbolik das glückhafte Aufeinander-bezogen-Sein von Mann und Frau ebenso, wie diese Passage die noch heute bestehenden angeborenen typischen Wesensunterschiede zwischen Männern und Frauen sichtbar macht, angefangen von den auf Einfügung, Passung und Ergänzung aus seienden Längen- und Gewichtsunterschieden, bis zu den typischen Charakterunterschieden, die besonders dann beim teuflischen Verführungsakt sichtbar werden:

Die Frauen erweisen sich grundsätzlich, aber deshalb dann auch in ihren negativen Aspekten als hellhöriger, gesprächiger, vertrauensseliger und beeinflussbarer als die Männer. Aber gerade durch diese ihre Verschiedenheit sind sie auf Ergänzung angelegt und deshalb zur Elternarbeit in dieser Form von Gemeinsamkeit besonders geeignet. Wie sehr es stimmt, dass Gott den Menschen als Mann und als Frau schuf, lässt sich (wie schon ausführlich im zweiten Kapitel referiert) heute besonders schön durch die pränatale Hormonforschung belegen.

Die Festlegung auf Männliches oder auf Weibliches geschieht im ungeborenen Kind wenige TAGE nach der Zeugung, also vor jeglicher anderen Ausgestaltung zu einem menschlichen Leib! So können wir heute direkt ablesen: Schon die Genesis weiß bis heute die ganze Wahrheit: *„Als Mann und als Frau schuf er sie!"* Und die Nacktheit des Paares dient hier als Symbol für die unbefangene in sich harmonische Reinheit bei allem Tun aus Gottes Hand und in Gottes Nähe – auch in Bezug auf die eheliche Sexualität im Dienst der Fruchtbarkeit als ein Sollen und Wollen.

Bevor wir uns nun aber mit dem Verlust dieser paradiesischen Seinsweise beschäftigen müssen, muss gesagt sein, dass ja auch heute für jeden von uns ein so glücklicher Zustand des Lebens – im Garten Eden in der Gottesnähe – auf Erden neu möglich geworden ist, und zwar durch eine Ausrichtung des Lebens im Verbund mit Gott, mit einem tiefen Glauben also, seit Christus uns durch sein Lebensopfer aus dem dann folgenden und weiterem Desaster heraus gerettet hat und bei Rückfällen aller Art den reumütigen Sünder immer wieder neu erlöst. Wenn wir das im Blick behalten, bleibt die folgende Geschichte – Gott sei Dank – nicht endgültig und nicht elend hoffnungslos! –

Am Beginn des Dramas taucht die Schlange auf. Sie ist ein Tier, allerdings ein listigeres als alle anderen. Mit dieser Eigenschaft, im Verborgenen zu agieren und Gift verspritzen zu können, ist sie für diese hinterlistige Aktion ausgewählt. Von wem? Vom Satan, der hinter der Szene die Strippen zieht! Das steht zwar nicht in diesem Text. Aber da Christus selbst ganz ohne Scheu den Satan reichlich erwähnt und die auf Christus selbst zielende Versuchungsgeschichte (Mt 4) an Eindeutigkeit nichts zu wünschen übrig lässt, dürfen wir das annehmen. Der HERR hat einen Widersacher, wird uns unmissverständlich und später in den Offenbarungen des Johannes noch nachdrücklicher kund getan. (Offb 13) Nach einer frühen Legende – ich erwähnte sie schon im Eingangkapitel – ist der Engel Luzifer angesichts des Planes Gottes, sich einen Gefährten zu schaffen, in hemmungslose Eifersucht geraten. Er verweigert sein Ja und kann deshalb nur in die Unterwelt verbannt werden. Seitdem gibt es diesen dämonischen Ungeist, der es darauf abgesehen hat, jede einzelne Seele zu vereinnahmen, zu vergiften, zu verwirren und zu sich hinabzuziehen, damit die Menschenseele, wie er, in ewige Gottesferne, in ewige Verderbnis gerate.

Ja, es gibt ihn, den Teufel, und dass man heute in Deutschland in die Gefahr gerät, seine Stelle als Religionslehrer zu verlieren, wenn man das den Kindern vermittelt, ist nur ein Beispiel mehr dafür, dass Goethes Ausspruch: „Den Teufel spürt das Völkchen nie, und wenn er sie beim Kragen hätte", auch heute noch berechtigt ist.

Dass der Teufel beim Sündenfall sich der Schlange bedient, zeigt symbolisch eine große weitere allgemeine Wahrheit auf: Auch die Natur – sowohl draußen wie im Menschen – bedarf der Einbindung in die Zügel des Schöpfers. Aber ER hat ihren Entfaltungsspielräumen und klimatischen Anpassungen vielfältigste Entwicklungsmöglichkeiten eingeräumt. Doch auch die Natur ist unter Umständen in der Lage, Gottes Rahmen zu sprengen. Ja, dann kann sie sich sogar besonders leicht mit dem Bösen verbinden, bzw. vom Bösen benutzt werden, – wie z.B. im Fall eines wilden Räubers, der zu immer neuen Raubzügen gedrängt wird.

Lesen wir nun erst einmal den genauen Wortlaut der Verführung in Gen 3,1-7:

> *„Die Schlange war schlauer als alle Tiere des Feldes, die Gott, der Herr, gemacht hatte. Sie sagte zu der Frau: 'Hat Gott wirklich gesagt: Ihr dürft von keinem Baum des Gartens essen?' Die Frau entgegnete der Schlange: 'Von den Früchten der Bäume im Garten dürfen wir essen; nur von den Früchten des Baumes, der in der Mitte des Gartens steht, hat Gott gesagt: Davon dürft ihr nicht essen, und daran dürft ihr nicht rühren, sonst werdet ihr sterben.' Darauf sagte die Schlange zur Frau: 'Nein, ihr werdet nicht sterben. Gott weiß vielmehr: Sobald ihr davon esst, gehen euch die Augen auf; ihr werdet wie Gott und erkennt Gut und Böse.' Da sah die Frau, dass es köstlich wäre, von dem Baum zu essen, dass der Baum eine Augenweide war und dazu verlockte, klug zu werden. Sie nahm von seinen Früchten und aß; sie gab auch ihrem Mann, der bei*

ihr war, und auch er aß. Da gingen beiden die Augen auf, und sie erkannten, dass sie nackt waren. Sie hefteten Feigenblätter zusammen und machten sich einen Schurz."

Da haben wir nun das selbstproduzierte Elend! Die Frau ist ansprechbarer – das weiß der Teufel besser als Adam! Sie ist hellhöriger, gesprächsbedürftiger – gute Eigenschaften, die sie, wie gesagt, beim Erziehen von Kindern hervorragend gebrauchen kann! Ihren Mann hingegen langweilt das Weibergequatsche – er entwirft vielleicht gerade einen Flugkörper zur Venus und freut sich, dass sie ihm etwas Schönes in den Mund schiebt. Er hat eben gar nicht richtig zugehört! Das ist die gefährliche Schwerhörigkeit des Mannes – auch bedingt durch seine Leichtfertigkeit, der Frau die seelischen Belange allein zu überlassen, wie es ja heute auf der ganzen Linie geschieht!

Wie bringt die Schlange ihr Vernichtungswerk im Dienst von Diabolos zustande? Damit müssen wir uns beschäftigen, weil das ja noch heute bei uns täglich tausendfach geschieht.

Als Erstes: Sie verlockt. Sie bietet etwas Neues, Unbekanntes, etwas wesentlich Besseres an als das, was die Frau zu haben meint! Wie gemein ist diese elende Täuschung, die in grausamer Ent-Täuschung enden wird! Sie putscht unser natürliches Bedürfnis nach Neuem, wie unsere Sprache so richtig weiß, zur Neugier auf! Wir Frauen setzen auf Fortschritt! Wer stagniert, der rostet! Und sie reizt damit auch unsere Lust auf mehr Besitz – mehr davon als die Schwägerin hat! Aber hier geht es um alles, um zentrale Lebensentscheidungen – bis hin zur himmlischen Seligkeit! Was bietet die Schlange: Sie bietet, klüger zu werden – ja, klüger als Gott, nur durch ein ganz klein bisschen Eigenmächtigkeit und

Ungehorsam. „Merkt ja doch keiner", denken auch wir heute, wenn wir in die Versuchung geraten, etwas zu tun, was nur ein klein bisschen nicht koscher ist! „Machen doch alle", – wird den modischen Fallen dann hinzugefügt!

Hier beim Sündenfall geht es allerdings darum, nicht Gott , sondern der Schlange Glauben zu schenken, ja sogar – bereits in verlogener Überheblichkeit – Gott selbst eine Unwahrheit anzuhängen! Was für eine maßlose Unverschämtheit!

„Du wirst überhaupt nicht sterben", glaubt die Schlange nun Gott widerlegen zu können. „Er will dir nur etwas vorenthalten, das dir doch wohl zusteht, nicht wahr?"

Genau: Ohne das Umzäuntsein von Gott, „ohne ein hörendes Herz", das wir wie Salomo brauchen, geht bei den Menschen dann bald alles in Wirrnis unter. Die Menschen verlieren jeglichen Maßstab, und das hat sich nun schon immer wieder regelmäßig als Weg in den Untergang erwiesen.

Der Zustand nach dem Sündenfall ist so bitter desaströs: Erschrecken über das Falsche, das Böse, bestimmt nun in der Tat die Szene: Das ganze Selbstbewusstsein, das für kraftvolles Tun so dringlich erforderlich ist, ist futsch: Falsch, unwiderruflich falsch war das, weiß nun das aufgewachte Gewissen. Weniger als nichts ist dabei herausgekommen. Ja, du, Adam, bist nun ein elend frierender schlotternder Wicht, nackt und bloß, vor Scham darauf bedacht, dich zu verstecken, dich zu verhüllen. Scham, die als Röte ins Gesicht steigt, ist ein Kennzeichen der erkannten Fehlleistung – es bleibt keine andere Wahrheit als diese! Nun lässt sich die ganze Korruption nicht mehr verheimlichen! Wie oft müssen wir uns heute von den Medien solche Geschichten erzählen lassen!

Allerdings brauchen Adam und seine Frau für die Reife zum Sündenbekenntnis nun noch einige weitere Nachhilfe durch Gott. Und das geschieht auf folgende Weise:

> Gen 3,8-13: *„Als sie Gott, den Herrn, im Garten gegen den Tagwind einherschreiten hörten, versteckten sich Adam und seine Frau vor Gott, dem Herrn, unter den Bäumen des Gartens. Gott, der Herr, rief Adam zu und sprach: 'Wo bist du?' Er antwortete: 'Ich habe dich im Garten kommen hören; da geriet ich in Furcht, weil ich nackt bin und versteckte mich.' Darauf fragte er: 'Wer hat dir gesagt, dass du nackt bist? Hast du von dem Baum gegessen, von dem zu essen ich dir verboten habe?' Adam antwortete: 'Die Frau, die du mir beigesellt hast, sie hat mir von dem Baum gegeben, und so habe ich gegessen.' Gott, der Herr sprach zu der Frau: 'Was hast du da getan?' Die Frau antwortete: 'Die Schlange hat mich verführt, und so habe ich gegessen.'"*

Ach, das bedarf keiner Interpretation: Dieses beschämende Beschuldigen gegenseitig und vor den anderen – hier direkt vor Gott! – sich noch als unschuldig herausreden zu wollen, obgleich der Tatbestand offensichtlich ist! Aber nicht deswegen ist nun „Paradise Lost" fällig, sondern weil der Vertrauensverlust nicht einfach aufhebbar ist, weil die Anmaßung, sich an die Stelle Gottes setzen zu wollen, weitere Untaten nach sich zu ziehen pflegt. Womöglich könnte sogar – so fürchtet der Herr dann – das Geheimnis Gottes, das im Baum des Lebens verborgen ist, unbefugt angetastet werden. Es geriete dann in die Gefahr, von unreinen Händen enthüllt und entweiht zu werden. Spätestens jetzt wird das Strafgericht fällig. Deshalb sprach Gott (Gen 3,22-24):

„'Seht, der Mensch ist geworden wie wir; er erkennt Gut und Böse. Dass er jetzt nicht die Hand ausstreckt, auch vom Baum des Lebens nimmt, davon isst und ewig lebt!' Gott, der Herr, schickte ihn aus dem Garten von Eden weg, damit er den Ackerboden bestellte, von dem er genommen war. Er vertrieb den Menschen und stellte östlich des Gartens von Eden die Kerubim auf und das lodernde Flammenschwert, damit sie den Weg zum Baum des Lebens bewachten."

Aber – und das schält sich nun ja schon heraus: Nicht etwa nur damals in vorsintflutlicher Zeit, beim ersten Menschenpaar, sondern – und das ist mit der Metapher „Erbsünde" gemeint – liegt in jedem Menschen seit seiner Erschaffung der Geist der Schlange als ein möglicher Abfall vom Schöpfer als DIE ERZSÜNDE bereit.

Deshalb war Gottes Strafgericht damals unumgänglich, wie es sich in unserer Wirklichkeit heute millionenfach fortsetzt: Gen 3,14-20:

„Da sprach Gott, der Herr, zur Schlange: 'Weil du das getan hast, bist du verflucht unter allem Vieh und allen Tieren des Feldes. Auf dem Bauch sollst du kriechen und Staub fressen alle Tage deines Lebens. Feindschaft setze ich zwischen dich und die Frau, zwischen deinen Nachwuchs und ihren Nachwuchs. Er trifft dich am Kopf, und du triffst ihn an der Ferse.' Zur Frau sprach er: 'Viel Mühsal bereite ich dir, so oft du schwanger wirst. Unter Schmerzen gebierst du Kinder. Du hast Verlangen nach deinem Mann; er aber wird über dich herrschen.' Zu Adam sprach er: 'Weil du auf deine Frau gehört und von dem Baum gegessen hast, von

dem zu essen ich dir verboten hatte: So ist verflucht der Ackerboden deinetwegen. Unter Mühsal wirst du von ihm essen alle Tage deines Lebens. Dornen und Disteln lässt er dir wachsen, und die Pflanzen des Feldes musst du essen. Im Schweiße deines Angesichts sollst du dein Brot essen, bis du zurückkehrst zum Ackerboden; von ihm bist du ja genommen. Denn Staub bist du, zum Staub musst du zurück.'"

Die Schlange wird in einem Leben ohne Gott gewissermaßen zum Dauergast. Sie wird ihrer Beine beraubt, das heißt: Die Untat hat zur Folge, dass ein platt-erdhafter Materialismus die Szene zu beherrschen beginnt. Bei Goethe kommentiert der Teufel das so: „Staub soll er (der Mensch) schlucken und mit Lust, wie meine Mume, die berühmte Schlange." Goethe wusste diesen Zusammenhang durch die Worte des Mephisto an Gott in seinem Faust zu kennzeichnen: Nach dem Sündenfall ist der Mensch nur noch Erde allein! Gottes Liebeshauch hat er verspielt. Der Erde, der Natur – mit ihrem rohen erbarmungslosen Anteil – ist das Menschenpaar ohne Gottes Schutz jetzt ausgeliefert! Diesen Fluch hat Adam sich eingehandelt!

Sehr geheimnisvoll sind die Strafen für die Frau. Die Sache mit den Kindern – sicher nicht nur das Gebären – wird dadurch zu schmerzhaftem Erleben und Erleiden. Was für sorgenvolle Schmerzen verursachen die ohne Gott herangewachsenen Kinder später der Mutter!

Ja, Adam bezeichnet jetzt seine Frau als „Eva", denn sie wurde nun die Mutter alles Lebendigen (Gen 3,29). Aber das bedeutet ohne Gott eben Schutzlosigkeit. Gerade die naturnahe Frau kann sich ohne Gott in wuchernder Weise ihrer Nachkommen bemächtigen. Sie kann – allein von der

Natur regiert – intrigant und rachsüchtig sein, sie kann sich in all ihrer Kreatürlichkeit ohne Gott schnell erneut mit der Schlange verbünden – besonders als alte Frau in Machtanmaßung über Kinder und Enkel! Oder wie Herodias gegenüber Johannes dem Täufer ... Und wie bitter drohend hört sich die Gefahr an, dass die Nachkommen der Schlange der Frau in die Ferse stechen werden? Eine alte Volksweisheit sagt, dass damit das Elend der Abtreibung gemeint ist!

Aber auch Adam ist nun im Abrackern zwischen Dornen und Disteln hart betroffen. Und darüber hinaus regiert seine Natur in ihm in all ihrer Ursprungsrohheit: Das Ego ist nun der letzte Schrei! Der Mensch ohne Gott wird schnell durch das breitflächige Schlangengezische und Vergiften anfällig dafür, „tierischer als jedes Tier" zu werden, um noch einmal Goethe zu zitieren.

Anmaßend, selbstherrlich, geld- und raffgierig, süchtig, süchtiger, am süchtigsten in aller Vielfalt der Verelendungen, von der Trunksucht bis zur Fresssucht, immer mehr Anmaßung bei der Beherrschung der Natur draußen, aber dann von ihrer Rache zerstört, vor allem auch durch die Vergötzung = Verabsolutierung der Sexualität, krank, physisch auch, und traurig, so, so traurig! Jeder dritte Europäer sei depressiv, hat eine Studie herausgefunden, seelisch und geistig verwahrlosend also, wie wir das nun in voller Breitseite seit 40 Jahren erleben, bis hin zu all den Neu-Göttern vom PC, vom Smartphone bis zum Satanismus, von der Pervertierung bis zur Geschlechtsumwandlung mithilfe von Gender-Mainstreaming.

Aber selbst gegen die in all ihrem dummen Hochmut sich vom Herrn der Äonen befreit habenden Menschen ist unser Gott auch heute noch so barmherzig wie einst. Er macht dem Menschen Kleider aus Tierfellen (Gen 3,21). Vielleicht mögen die für den frierenden Menschen geschlachteten Tiere ein Symbol dafür sein, dass Gott die nun so bitter Frierenden mit seinem Erbarmen beschenkt. Oder scheint hier bereits eine Andeutung zur späteren Erlösung durch das Osterlamm Gottes durch?

Nun, ich sagte es vorab: Diese grausigen Zustände sind heute für jeden Einzelnen wie für Gesellschaften, die umkehren, die Buße tun und ihre Sünden unter das Kreuz legen, in wunderbarer Weise überwindbar. Seit Gott sich in Jesus Christus inkarniert hat, seit er seine Leiblichkeit für uns Arme hingeopfert hat, verwehrt der Engel mit dem Flammenschwert nicht mehr den Zugang zum Garten Eden für den, der begriffen hat, wie unser Leben gestrickt ist. Auch schon in diesem Leben können wir dort einziehen, wenn wir uns durch unsere veränderte Haltung in täglicher Liebe, in Lobpreis und Dankbarkeit mit unserem Herrn verbinden. Das Paradies, Gottes Schutzraum, darf von jedem von uns bewohnt werden; denn ER ist ja bei uns in Gestalt seines Heiligen Geistes. In jedem von uns besteht diese Möglichkeit, zurückzufinden.

Vielleicht erfüllt sich nun auch bald die geheimnisvolle Prophetie der Genesis, dass die Nachkommen der Eva der Schlange den Kopf zertreten werden. Das ist eine Hoffnung, die sich dann auftut, wenn die Frauen ihren Anteil roher Natur in Gestalt des machtanmaßenden Feminismus aufgeben, indem auch der Jugendsex überwunden wird und die modernen jungen Frauen – vom Vorbild der Mutter Gottes angeregt – so integer werden, wie sie es blieb – durch alle Stadien ihres Lebens hindurch. Denn die von der Alleinherrschaft der Erde, von der rohen Natur gereinigte Liebe in dieser Welt zu verwirklichen – das ist immer noch Gottes Plan, sein Ziel und seine Hoffnung für jeden Einzelnen von uns. Aber zum Schluss dennoch eine kleine Mahnung für alle bemühten Christen: einen endgültigen Status von „Wiedergeborensein" gibt es nicht, so lange unser „Fleisch" mit seinen Automatismen seine kreatürlichen Ansprüche stellt. Und das bleibt so bis zu dessen Tod. Die Schlange – selbst wenn sie nun langweilig und platt materialistisch nur noch auf dem Bauche kriechen kann – hat dennoch listig eine immer genau zur Situation passende Versuchung in ihrem Zungengift parat. Sogar allein schon das Wort „Verzagen" (gleich: „Gib doch endlich auf!") kann dessen Flüsterton heißen. Ein heimlicher Konflikt zwischen der „Erde" und dem „Abbild Gottes" in uns in Gestalt einer Spannung zwischen der Natur und dem Geist in unserem Sein, bleibt dennoch bis zu unserem leiblichen Tod erhalten.

Und deshalb dürfen wir trotz aller Rückfälle – bei immer nötigem und wachem Eingeständnis unserer Anfechtbarkeit – im Weihnachtslied jubeln:

„Heut schleußt er wieder auf die Tür zum schönen Paradeis. Der Cherub steht nicht mehr dafür Gott sei Lob, Ehr und Preis."

2.2 Die Offenbarung des Johannes

Die technizistischen Gesellschaften haben sich in den vergangenen Jahrzehnten in eine bedrohliche Existenzkrise hineinmanövriert, die durch die muslimische Völkerwanderung nun auch noch geradezu dramatisch verstärkt wird: Wir haben in weiten Bereichen unseres Lebens Gott einfach außer Acht gelassen! Wir sind ja so klug, haben so viel erfunden, es ging uns in den vergangenen Jahrzehnten so, so gut! Mehrheitlich meinen viele Bürger heute deshalb, für ihr Leben Gott gar nicht mehr zu benötigen! Ja, sogar den Menschen werden wir demnächst im Labor selbst herstellen können, meint man.

Wirklich? Ein einzelnes Beispiel eines solchen Hochmutes aus meinem Bereich: Seit meinem vor 50 Jahren begonnenen Bemühen um die seelische Gesundheit unserer Kinder hat sich gezeigt, dass durch Leichtfertigkeiten bei ihrem Aufziehen, durch eine Nichtbeachtung von Gottes Naturgesetzen in den ersten Prägungsjahren ein hoher Stand seelischer Erkrankungen im Erwachsenenalter und damit ein allgemeiner Niedergang ihrer Arbeits- und Einsatzmöglichkeiten herausgebildet hat. Viele der Loser sind gar nicht vermittelbar! Ich will das hier nicht ausweiten, aber es zeigt sich doch, dass viele Schädigungen dadurch hervorgerufen worden sind, dass wir unsere Grenzen als Geschöpfe Gottes überschritten haben – hier und in vielen anderen Bereichen unseres Lebens, z.B. auch auf dem Sektor der Sexualität. Dadurch sind gefährliche Auswüchse in Massen entstanden. Warum haben wir das nicht lernen, warum haben wir nicht maßhalten, warum haben wir diesen Trend nicht ändern können? Neuerdings haben die Menschen-Macher sogar die wissenschaftlich erhärtete Wahrheit außer Acht gelassen, dass allein unser Gott jeden einzelnen Menschen handverlesen bereits zum Zeitpunkt seiner Zeugung erschaffen hat (s. Kapitel 1.2).

Wie kann man dann durch Klonen und Genome-Editing massiv ein so kostbares Gut wie das befruchtete Ei aufbrechen und zu verändern suchen? Heißt das nicht, Gottes Geist und seine Naturordnungen unbefugt massiv zu überschreiten? Dadurch wird der Schöpfer doch geradezu verhöhnt, so dass ER jetzt womöglich die Geduld mit dieser hochmütigen

Menschheit verliert? Folgt jetzt jenes Gericht, das Christus in den Evangelien als eine Zeit der Bedrängnis, „wie sie noch niemals war und nicht wieder sein wird“, angekündigt hat? (Mt 24) Steht die Apokalypse heute wie eine Wetterwand an unserem Horizont, vielleicht, um uns dennoch gewissermaßen im letzten Augenblick zu warnen und durch Bußfertigkeit und Gebet doch noch vor ihr zu bewahren?

Werden wir von dieser offensichtlichen Aktualität nicht geradezu genötigt, uns in die Offenbarungen des Johannes zu vertiefen? Aber dann taucht – wie bei den Texten der Genesis im vorigen Kapitel – die gleiche Verständnisschwierigkeit auf: Traumähnlich sind auch hier die meisten Voraussagen in der Form geheimnisvoller Bilder abgefasst. Auch sie sind nicht so ohne Weiteres verstehbar. Ihre Inhalte bedürfen ebenfalls gewissermaßen einer Übersetzung in unsere Alltagssprache. Diese Gegebenheit ruft hier abermals die Mitarbeit von Fachleuten herbei, bei denen die Beschäftigung mit der Bildersprache im Seelenleben des Menschen zum beruflichen Alltag gehört. Und das sind nun einmal die Tiefenpsychologen; denn – ich muss das wiederholt betonen – zu ihren Heilmethoden gehört die Entschlüsselung der Traumbilder ihrer seelisch erkrankten Patienten. Und die dort auftauchenden Inhalte des Seelenlebens Einzelner haben eine Entsprechung zu jener Bildersprache, der sich auch Christus häufig bedient hat, weil sie sonst – wie der HERR selbst das seinen Jüngern erklärt hat – unverstehbar geblieben wären. (Mt 13,10-11)

Das mag deshalb – wie in den Kapiteln zuvor – als Legitimation der Deutungen in diesem abschließenden Kapitel für einen, theologischen Laien wie mich als Rechtfertigung gelten. Ich möchte also diese Methode der Aufschlüsselung durch die Bildersprache ebenfalls beim Lesen der Offenbarungen des Johannes anwenden. Erkenntnis über Gottes Plan mit dem Menschen, über sein Wollen und Hoffen auf jeden Einzelnen von uns kann gewiss auch beim Beschäftigen mit diesem Endkapitel der Heiligen Schrift zuwachsen. Deshalb möchte ich einen kleinen Einblick in das Geheimnis des letzten großen Buches der Bibel über die Zukunft der Menschheit wagen – wie durchs Schlüsselloch natürlich nur – als Anstoß eines kleinen Teils der Prophetie über die Endzeit in all ihrer Aktualität. Das soll andere Sichtweisen allerdings nicht ausschließen.

Apokalyptisches kann sich auch als ein inneres Seelendrama im Schicksal einzelner Menschen ereignen, dergleichen hat sich in der Geschichte bereits mehrfach in schweren kollektiven Dramen vollzogen – aber sie ist darüber hinaus vermutlich vorrangig doch eine tief erschütternde direkte Vision der Endzeit. Befindet sich die Menschheit jetzt kurz vor Beginn dieses Dramas?

Jedenfalls sind die Offenbarungen des Johannes Darstellungen des überdimensionalen Geisteskampfes, der zur Zeit in dieser Welt stattfindet.

Wie beginnt diese Symphonie?

In der Ouvertüre – vor dem Ablauf der einzelnen Sätze – tritt in Kapitel 1-3 zunächst der auferstandene Christus selbst auf, in herrlich leuchtender Gestalt in lichtvollem Gewand und goldenem Gürtelgeschmeide. Er zieht mit sieben Gemeinden, in denen bereits Christenmission stattgefunden hat, eine Bilanz ihrer Versprechen, ihr Leben im Geist des HERRN zu verändern und neu zu gestalten. Nur zwei davon finden seine vollständige Billigung. Seine Kommentare bei den anderen weisen darauf hin, dass sie noch der Verbesserung bedürftig seien. Diese Introduktion der Apokalypse in seinem wie stattgefundenen realistischen

Anstrich ist ein klarer Hinweis auf den Sinn dieses letzten Buches der Heiligen Schrift: Es wird so verdeutlicht, dass auch die weiteren Kapitel nicht etwa als unrealisierbares Traumgebilde des fantasiereichen Jüngers Johannes zu verstehen sind, sondern als eine bereits vorhandene, und doch auch weiter zu erwartende Wirklichkeit, ein Zuruf auch noch an die heutigen Gemeinden – je nach ihrer Ausgestaltung hier auf der Erde.

Wieso können solche biblischen Anregungen durch den auferstandenen Christus für alle Zeiten in einer besonderen Weise bedeutsam und gültig sein? Das macht hellhörig und verleiht so den weiteren Ausführungen ein besonderes Gewicht. Unverzüglich wird das in den folgenden Passagen, Offb 4-6 erkennbar. Hier wird zunächst ein fulminanter himmlischer Festakt eingeblendet. Leitet er das direkte Eingreifen des Allmächtigen als Endgericht ein? Ich werde zunächst den Text von Kapitel 4 zitieren. Der Jünger Johannes – strafgefangen auf der Insel Patmos – beschreibt diese Vision mit folgenden Worten:

> *„... eine Tür war geöffnet in dem Himmel... ein Thron stand in dem Himmel, und auf dem Thron saß einer. Und der da saß, war von Aussehen gleich einem Jaspisstein und einem Sardis, und ein Regenbogen war rings um den Thron, von Aussehen gleich einem Smaragd." (Offb 4,1-3)*

Zweifellos wird auf diese Weise der allmächtige Gott auf dem Weltenstuhl zur Darstellung gebracht. Und diese Erscheinung ist so überwältigend, dass Johannes sie lediglich in einem Gleichnis auszudrücken vermag: Wie ein Jaspisstein und ein Sardis leuchtet die Gestalt unter einem Regenbogen auf. Was will auf diese Weise ausgedrückt sein? Als Allererstes: Schaut hin, schaut mit numinosem Schaudern, mit heiligem Erschrecken auf diese Erscheinung vollkommener Herrlichkeit und Allmacht! Sie ist eure Wirklichkeit! Sie dokumentiert euer individuelles Sein in der Hand des Schöpfers! Das können und dürfen wir nie verleugnen, wenn wir Zukunft haben wollen!

Erst wenn wir – vom Glanz dieses Bildes tief erschüttert – in die Knie gehen, können wir mit einigen Deutungen und weiteren Zitaten über die himmlische Gestalt fortfahren, zum Beispiel: Das Bild des durchsichtigen Edelsteins taugt als Symbol einer absoluten Kostbarkeit, steht für wunderbarste Leuchtkraft – für eine einmalige absolute Festigkeit und Unzerstörbarkeit. Dass Gott auf einem Thron platziert ist, weist darüber hinaus auf hohe königliche Vollmacht hin. Und der vollständige, in allen Farben leuchtende Regenbogen ist das Symbol der überdimensionalen Schönheit des Schöpfungswerkes in höchster farbiger Sieghaftigkeit. Er überkrönt die Mächtigkeit und die himmlische Überdimensionalität dieser Erscheinung.

Aber deren statischer Charakter geht sehr schnell in eine Szene mit bewegten Details über:

Der Text sagt:

„... und vor dem Thron war es wie ein gläsernes Meer, gleich Kristall; und inmitten des Thrones und um den Thron her, waren vier lebendige Wesen, voller Augen vorn und hinten. Und das erste lebendige Wesen war gleich einem Löwen, und das zweite lebendige Wesen glich einem Kalb, und das dritte lebendige Wesen hatte das Angesicht wie das eines Menschen, und das vierte lebendige Wesen war gleich einem fliegenden Adler.

Und die vier lebendigen Wesen – jedes von ihnen hatte je sechs Flügel – sind ringsum und innen voller Augen, und sie hören Tag und Nacht nicht auf zu sagen: Heilig, heilig, heilig, Herr, Gott, Allmächtiger, der da war und der ist und der da kommt!" (Offb 4,6-8)

Was für ein seltsames Bild! Es bedarf gewiss der Deutung: Das Symbol von Tiergestalten wird in der Bibel vielfältig für von Gott ausgestaltete Naturwesen gebraucht und damit für Kräfte, die der Schöpfungsordnung, der Materie zugeordnet sind – manchmal auch des dominant Tierhaften, des Naturhaften im Charakter des Menschen (s. z.B. Offb 13). Das Bild, dass sich hier also vier ständig in Bewegung befindliche Tiere in und um Gottes Stuhl befinden, die ohne Unterlass Gottes Herrlichkeit künden, verdeutlicht die in Naturgesetze eingebundene Ordnung aller Geschöpfe. Wie bei der Traumdeutung lässt sich daher die Frage stellen: Welche Naturfunktionen können diese vier Fabelwesen darstellen – der Löwe, das Kalb, der Adler und das Tier mit einem Menschenantlitz?

Gehen wir dabei vor wie beim Assoziieren von Traummaterial und fragen uns, welche besonderen charakteristischen Merkmale diese vier Tiere haben, so werden wir folgende Aussage machen können: Der Löwe ist ein Mächtiger, ein Wüstenkönig, ein supergefräßiges Tier, ein unbezwingbar Starker unter den Geschöpfen. Damit lässt sich interpretieren: Dieses Wüstentier gleicht unserem Haupt-Überlebenstrieb: dem zur Nahrungsaufnahme. Das Kalb oder in anderen Übersetzungen der junge Stier ist durch sein großäugiges Jung-Sein, durch die Nähe zu seiner Mutter, durch seine Schutzbedürftigkeit – und damit auch als Herdentier gekennzeichnet. Das Hauptmerkmal des Adlers ist seine große Flugfähigkeit mit seinen weiten Schwingen. Mit ihnen kann er hoch hinauffliegen. Dadurch ist er ja auch sogar heute ein übliches Symbol von weltlicher Macht. Aber diese bereits übliche Symbolik lässt sich erweitern: Damit steht der hochfliegende Adler auch für das Freiheitsbedürfnis und die Eigenmacht-Wünsche des Menschen. Doch er ist auch ein Raubtier mit scharfen Augen und einem zuschlagenden Schnabel. Deshalb kann dieses Tier sogar gefährliche Machtanmaßungen symbolisch vertreten.

Das vierte dieser Tiere, das „Tier mit dem Menschengesicht" lässt sich am ehesten als das Symbol für einen Menschen sehen, der seiner Naturhaftigkeit noch außerordentlich verhaftet ist – tierhaft noch, und das heißt: vor allem auf sein eigenes Überleben bedacht – mit einem erst noch kleinen Gesicht; und das kann bedeuten: nur mit einem ein wenig echt menschlichem Verhalten – zunächst noch.

An dieser Stelle bedarf es, um zu verstehen, eines kleinen Exkurses: Ich habe in den Kapiteln zuvor ausführlicher – von verschiedener entwicklungspsychologischer Warte aus – aufgeführt, dass wir Menschen uns faktisch in hoher Quantität unabdingbar und in den ersten Lebensjahren fast ausschließlich geradezu „tierhaft", verhalten müssen – von unserem individuellen Drang zu überleben bestimmt, weil wir vom Schöpfer „aus Erde gemacht" – und das heißt zunächst einmal: aufs Überleben als unserer Basis auch als „Krone der Schöpfung" von Gott so programmiert sind. Allerdings ist damit noch keineswegs das Ziel Gottes mit seinem Homo sapiens auch nur ins Auge gefasst. Direkte Aufklärung darüber wird uns erst durch die Inkarnation von Jesus Christus zuteil.

Aber weiter im Text des 4. Kapitels der Offenbarungen: Das Interessante und Rätselhafte besteht nun darin, dass diese Tiere, die in und um den Thron Gottes stehen, in dieser vielsagenden himmlischen Szene ausgesprochen nahe bei Gottes Thron, ja mit ihm wie im Verbund platziert sind. Das heißt aber doch, dass man diese Tiere nicht einfach übersehen darf, zumal sie im Laufe der Apokalypse zwei weitere Male in Erscheinung treten. Es erscheint also ebenso bedeutsam wie stimmig, dass in diesen Tieren Symbole der Lebewesen in Gottes Schöpfungswerk versinnbildlicht sind, wie es in den ersten sechs Schöpfungstagen der Genesis dokumentiert ist. Die Naturhaftigkeit des Schöpfungswerkes – einschließlich des Menschen – kommt so zum Ausdruck!

Aufgrund dieser Deutung werden auch die weiteren seltsamen Einzelheiten der Tiere erklärbar: die Vielzahl der Augen und die je sechs Flügel. Flügel sind mythologisch ein Symbol des Geistes. In der Taube bei Jesu Taufe wird das bestätigt. Es handelt sich bei diesem Bild also um vier geflügelte Tiere. Man könnte interpretieren: Selbst in der Natur des Menschen ist göttlichen Geist enthalten. Wenn sich der Mensch in den Dienst des Schöpfers stellt, kann er sogar mithilfe seiner Natur, ja durch sie hindurch die Dominanz seiner Erdhaftigkeit mindern, ja diese in eine neue, in eine erhabene Dominanz, die des Geistes, integrieren. Deshalb haben die Tiere innen und außen eine Vielzahl von Augen. Es ist dadurch offenbar die Reichhaltigkeit und die Möglichkeit von Erkenntnissen durch Naturbeobachtung angesprochen; denn das Auge ist für jeden von uns das entscheidende Werkzeug, um uns in unserem Umfeld orientiert und gezielt verhalten zu können. Augen sind nun einmal für Tier und Mensch das Fenster zur Welt zu ihrer Beobachtung und zur Erkenntnis über sie! Dieses Bild enthält also auch die Legitimation von jenen seriösen Naturwissenschaften, die im Verbund mit Gott stehen!

Die unmittelbare Verknüpftheit des allmächtigen Gottes auf dem Thron mit diesen vier Tiergestalten – sie befinden sich sogar inmitten seines Throns, nicht allein um diesen herum (!) – zeigt also die biologische Grundlage von Gottes Werk hier auf unserer Erde an: Die Natur, so lässt sich aussagen, ist nach Gottes Willen ganz nah an die Person ihres allmächtigen Kreators gebunden! Die gesamte Natur – und damit natürlich auch die im Inneren des Menschen – befindet sich gewissermaßen an Gottes direkter Longe! ER bestimmt sie, indem ER die von ihm geschaffene Natur in Naturgesetze eingebunden hat und den Takt ihrer Gestaltungsweisen vorgibt. Das entspricht den Erfahrungen der Entwicklungspsychologen bei der Beobachtung von Kindern während ihrer individuellen Entfaltung. In seinen ersten Lebensjahren wird der Mensch vorrangig von seiner Natur bestimmt!

Abgerundet wird der erste Abschnitt in dieser einleitenden Szene mit der Erwähnung eines glasklaren Meeres zu Füßen des Schöpfers. Wasser ist die Urlebenskraft aller Geschöpfe hier auf der Erde. Ab dem dritten Schöpfungstag hat Gott diese Urkraft zur Lebensgrundlage seines gigantischen Kunstwerkes, eben der Schöpfung auf unserem erkalteten Planeten verwendet. Die durchsichtige Klarheit dieses Wassers im großen Bild der Offenbarungen kennzeichnet die durchgeistigte Wesenheit von Gottes Werk in einer wie bis auf den Grund durchleuchteten Bläue als Symbol einer durchsichtigen Klarheit seines Geistes, als ein Gleichnis für die Absolutheit DER Wahrheit als Wesenszug des Schöpfers.

Diese Urszenerie weitet sich nun zunächst nach Aussagen des Johannes zu einem phantastischen Festakt aus – mit Engelsmusik, mit Posaunenklang, ähnlich erhaben und majestätisch, wie man sie sich nach Art unserer christlichen abendländischen Musikwerke vorstellen könnte. Das ist eine Szene hochgradigster Bewunderung, dargestellt durch die Anbetung der vierundzwanzig Ältesten wie auch durch den Gesang der vier„Tiere"– eine Szene ewiger Verherrlichung des Schöpfers. Dieser hält nun aber ein Buch in der Hand, berichtet Johannes, und er schildert das folgendermaßen:

> *„Und ich sah in der Rechten dessen, der auf dem Throne saß, ein Buch beschrieben, innen und außen, mit sieben Siegeln versiegelt." (Offb 5,1)*

Und es wird noch hinzugefügt, dass niemand die Siegel dieses Buches öffnen kann. Aber dann folgt gewissermaßen der erste Akt des großen Dramas: Die Hauptperson tritt auf: Jesus Christus in Gestalt eines „geschlachteten Lammes".

Der Text fährt (ein wenig gekürzt) fort (Offb 5,7):

> *Und das Lamm „kam und nahm das Buch aus der Rechten dessen, der auf dem Throne saß. Und als es das Buch nahm, fielen die vier lebendigen Wesen und die vierundzwanzig Ältesten nieder vor dem Lamm, Und sie hatten jeder eine Harfe und goldene Schalen voll Räucherwerk, welches die Gebete der Heiligen sind. Und sie singen ein neues Lied: Du bist würdig, das Buch zu nehmen und seine Siegel zu öffnen; denn du bist geschlachtet worden und hast für Gott erkauft, durch dein Blut, aus jedem Stamm und jeder Sprache und jedem Volk und jeder Nation... Und ich sah: Und ich hörte eine Stimme vieler Engel um den Thron her und um die lebendigen Wesen und die Ältesten ..., die mit lauter Stimme sprachen: 'Würdig ist das Lamm, das geschlachtet worden ist, zu empfangen die Macht*

und Reichtum und Weisheit und Stärke und Ehre und Herrlichkeit und Segnung'... Und die vier lebendigen Wesen sprachen: Amen!"

Bevor ich nun die Einzelheiten interpretiere, muss angesichts unserer gesellschaftlichen Situation noch einmal betont werden: Diese Szenen der Offenbarung sind in der Tat für uns heute von allerhöchster Bedeutsamkeit. Sie sind ein Zuruf in mächtiger und bedrängender Stärke. Sie rufen uns zu: „Um Himmels Willen, ihr Menschen, vergesst nicht: Präsent ist Gott der Allmächtige, der euch geschaffen hat! ER ist es, in dessen Schutzraum allein ihr existieren und glücklich werden könnt! Um Himmels Willen bequemt euch! Passt euch nicht einem oberflächlichen Zeitgeist an! Um Himmels Willen kehrt um!"

Nun zu den Einzelheiten der Aussage:

Es macht keine Schwierigkeiten, in diesem „Lamm" den gekreuzigten Christus zu sehen. Dennoch erscheint es wichtig, auch dieses Bild genau zu betrachten; denn mit ihm werden ja einige entscheidende Charakteristika über das Rettende ausgesagt. Außerdem hat dieses „erwürgte Lamm" sieben Hörner und sieben Augen.

Wie lässt sich ein Lamm kennzeichnen? Das Lamm ist ein junges Tier, das durch seine weiche, weiße Wolligkeit als besonders zart und lieblich erscheint. Es diente beim Frühlingsfest der Juden, dem Passahfest, als Opfertier. Das Lamm ist also ein Symbol der Unschuld, des Geopfert-Werdens, aber auch der Erneuerung der Kräfte durch Einverleibung. In dieser Symbolik klingt bereits die Auferstehung, klingt generell die Erneuerung zur Unschuld und Reinheit durch Opferbereitschaft, ja klingt der Eucharistiegedanke, die Integration des heilenden Geistes durch eine Einverleibung von Christi Leib und Blut mit an! Aber wir dürfen nicht übersehen, dass auch Christus hier als ein Tier mit Augen und mit Hörnern – und das heißt in der Bibel grundsätzlich als Symbol irdischer Herrschaft – gesehen wird. Es darf deshalb vermutet werden, dass damit eine Andeutung des sieghaften Endzustandes unserer irdischen Welt durch Christi Endherrschaft verstanden werden kann. In dieser Symbolik ist die Erkenntnis enthalten, dass Gott sich vor 2000 Jahren direkt im sterblichen Leben, d.h. im Leben hier auf unserer Erde manifestiert hat, in einem besonderen Leben zwar, durch das Christus für uns in aller Ewigkeit zum Erlöser und zum Leitbild wurde. Dieses Leben von Jesus Christus ist weiß und zart wie ein Lamm, aber es ist keineswegs ohne Waffen, ohne Erkenntnis und ohne Anstoßkraft; im Gegenteil: Die Hörner und die Augen deuten auf Verteidigungsfähigkeit, Hellsichtigkeit und Flexibilität hin.

Aber noch einmal: Die Tiergestalt weist gleichzeitig darauf hin, dass Gott durch seine Inkarnation die Gestalt eines sterblichen Geschöpfes annahm, das nun einmal wie diese der Natur, dem Werden, Wachsen und Vergehen, sowie damit auch dem Tod, unterliegt. Das ist der Sinn der Metapher, dass der Herr hier als Tiersymbol dargestellt wird. Gerade dieser zarte Lamm-Geist ist in der Lage, entscheidende Veränderungen zu erwirken, wie es im nächsten Kapitel als Brechen der ersten vier Siegel des geheimnisvollen Buches aus Gottes Hand durch Christus dargestellt wird.

Hat uns unsere „Übersetzungsarbeit" bis zu dieser Stelle geführt, so müssen wir auf die Enthüllungen der Weisheiten des versiegelten Buches, die im Kapitel 6 beginnen, aufs Äußerste gespannt sein. Diese Enthüllungen nun sind so verschlüsselt, dass sich die Exegeten daran die Zähne ausgebissen haben: Es werden durch je eines der vier Tiere, die in und um Gottes Thron stehen, vier Reiter auf verschiedenfarbigen Pferden auf den Plan gerufen. Um es vorwegzunehmen: Der erste bringt den Sieg, der zweite den Krieg, der dritte die Teuerung, der vierte den Tod für den vierten Teil der Erdbevölkerung. Wörtlich heißt es:

„Ich sah, als das Lamm eins von den sieben Siegeln öffnete: Und ich hörte eins von den vier lebendigen Wesen wie eine Donnerstimme sagen: 'Komm!' Und ich sah: und siehe, ein weißes Pferd, und der, der darauf saß, hatte einen Bogen; und eine Krone wurde ihm gegeben, und er zog aus, siegend und damit er siegte. – Und als es das zweite Siegel öffnete, hörte ich das zweite lebendige Wesen sagen: 'Komm!' Und ein anderes, feuerrotes Pferd zog aus; und dem, der darauf saß, ihm wurde gegeben, den Frieden von der Erde zu nehmen, und dass sie einander schlachteten, und ein großes Schwert wurde ihm gegeben.
Und als es das dritte Siegel öffnete, hörte ich das dritte lebendige Wesen sagen: 'Komm!' Und ich sah: und siehe, ein schwarzes Pferd, und der, der darauf saß, hatte eine Waage in seiner Hand. Und ich hörte etwas wie eine Stimme inmitten der vier lebendigen Wesen, die sagte: Ein Chönix Weizen für einen Denar und drei Chönix Gerste für einen Denar, und das Öl und den Wein beschädige nicht!
Und als es das vierte Siegel öffnete, hörte ich die Stimme des vierten lebendigen Wesens sagen: 'Komm!' Und ich sah: und siehe, ein fahles Pferd; und der, der darauf saß, sein Name war der Tod; und der Hades folgte ihm. Und ihnen wurde Gewalt gegeben, über den vierten Teil der Erde, zu töten mit dem Schwert und

mit Hunger und mit Tod und durch die wilden Tiere der Erde." (Offb 6,1-8)

Was besagen diese Bilder? Was bahnt sich hier an? Ich meine, dass die Bilder dieser vier apokalyptischen Reiter wesentliche Aussagen über Gottes Gericht in der Endzeit machen. Gehen wir zunächst einmal vorab von den vier Farben der Pferde aus: Weiß ist die Farbe der Reinheit und des Lichts. Feuerröte, wie das zweite Pferd, ist das Zeichen feuriger Zerstörungsprozesse, von Aggressionen also. Schwarz ist die Farbe der Dunkelheit, der Unüberschaubarkeit. Und der seltene Ausdruck „Falb" für ein aschgraues Pferd ist ein Merkmal des Abgestorbenen, des Laichenhaften. Die Tiergestalt Pferd verkörpert darüber hinaus die gebändigte, gottgehorsame natürliche Lebenskraft. Die Pferde sind also wohl Symbole der gebändigten Naturkräfte, mit denen ein gesunder Menschenleib ausgestattet ist, die ihn also gewissermaßen tragen.

Darüber hinaus wird durch die vier unterschiedlichen Reiter eine seltsame Unterscheidung vollzogen: der erste lichte, gekrönte siegende Reiter scheint noch keineswegs auf den Vollzug des Gerichts hinzudeuten, wie die drei folgenden anderen, die von dunklen, bedrängenden, ja schließlich tötenden Elementen bestimmt werden. Diese Unterschiede der vier Reiter weisen offenbar auf die beiden Pole Sieg und Untergang hin. Sie kennzeichnen zunächst Christus als den entscheidenden, den gerechten Richter; denn der weiße Reiter und seine Krone zeigen seinen Sieg an. Bei dieser Deutung lässt sich der Bogen in der Hand des weißen Reiters sogar als ein Kennzeichen von Gottes Zielhaftigkeit, als ein Hinweis auf seinen Plan bei der Schaffung des Menschen verstehen. Dieser endet mit dem endgültigen Sieg – deshalb die Krone. In manchen Übersetzungen wird hier auch direkt vom Siegeskranz gesprochen. In den Schlusskapiteln der Heiligen Schrift ist der abermals auftretende weiße Reiter noch wahrscheinlicher als der siegende Christus deutbar. (Offb 19,11-20) Aber warum wird das erste Siegel durch den Löwen, also den König der Wüstentiere, eröffnet?

Ich meine: Hier wird die gesamte Natur in all ihrer tierhaften Vergänglichkeit mit herangezogen. Der weiße Reiter will – ähnlich wie später mithilfe anderer stärkenden Bilder der Apokalypse – eher vorab als ein ermutigender Zuruf aufgeführt sein, zumal Christus in der Schrift auch als „Löwe von Juda" bezeichnet wird. Klingt darin die Gemeinsamkeit von Leib, gleich Natur, und Geist in jedem einzelnen Menschen (wie ich das auch in Teil 1 herauszustellen suchte) – ebenso an, wie in den „Flügeln der lebendigen Wesen", – also dem göttlichen Geist neben der starken Naturbasis in uns Menschen? Ja, dürfen wir nicht in der Eucharistie die Letztgültigkeit dieser Wahrheit erleben, indem Brot und Wein, Produkte leiblicher Nahrung, durch den priesterlichen Akt sich in Christi Leib und Blut wandeln, in SEINEN lebendigen Geist also, der nun über unseren Leib Eingang in unserer Seele und unserem Geist findet? Lässt sich hier nicht einmal mehr der zentrale rote Faden der Entschlüsselung von Gottes Plan mit uns Menschen erahnen? Die Einheit von Natur und Geist in jedem einzelnen Menschen als eine Option der menschlichen Ausgestaltung hin zu der wachsenden Dominanz einer persönlichen Verbindung mit dem Herrn?

Aber selbst wenn Annäherung zur Heiligkeit gelingt, macht jeder Mensch die Erfahrung, dass die Natur in ihm lebenslänglich ihren Tribut einfordert. Der Leib will von Anfang bis Ende das Leben erhalten. Jedenfalls macht die

Gewichtigkeit des ersten weißen Reiters mit dem Bogen als Symbol von des Schöpfers Zielhaftigkeit einsichtig, warum das erste direkte Gerichtsbild erst mit dem Reiter auf dem feuerroten Pferd aufleuchtet. Der Sieg unseres Gottes bildet vorab ein leuchtendes Fanal und mindert so das Grauen des Reinigungsgerichtes in den folgenden Passagen.

Ich will nun eine Deutung der drei weiteren Reiter, die ebenfalls von den lebendigen Wesen aufgerufen werden, versuchen: Schon die Farben der Pferde sagen Gewichtiges aus.

Feuerröte ist das Kennzeichen zerstörerischer Brände und damit ein Symbol der Aggressivität. Damit wird sinnträchtig der Krieg durch den Reiter auf dem feuerroten Pferd zur Darstellung gebracht – besonders wohl der Bürgerkrieg, weil er vom Kalb, einem jungen Rind – auf jeden Fall aber von einem Herdentier aufgerufen wird.

Bei Gruppierungen ohne Gott ist Krieg zwischen gleichen Stämmen eben besonders häufig, weil aufgeblähtes ICH, wie unter Geschwistern, besonders heftige Aggressionen produzieren kann. Bürgerkrieg hat deshalb einen besonders schändlichen Charakter und führt zu besonders verheerenden irreparablen Zerstörungen. Der Reiter auf dem schwarzen Pferd mit der Waage in der Hand zeigt ein Überborden der Habgier und des Egoismus an. Und das hat die Geldentwertung und damit die Verarmung der Menschen zur Folge, wie es im Text direkt ausgesagt wird. Hier wird der Prozess der Selbstzerstörung ebenfalls durch ein lebendiges Wesen, vermutlich doch wohl dem Adler vollzogen.

In gleicher Weise geschieht der Beginn des Gerichts durch den Reiter auf dem falben Pferd. Er dokumentiert den Tod durch totales Überhandnehmen zerstörerischer Prozesse im leiblichen Bereich, wie durch unheilbare Krankheiten und epidemische Seuchen. Das Auftauchen der „wilden Tiere" symbolisiert darüber hinaus das Tierische bei roh zerstörerischen, ja mörderischen Aktivitäten wie z.B. Terror durch seelisch zerstörte, verwahrloste Menschen, die wahllos zu töten suchen, was sie als Kinder kaputt gemacht hat.

Doch warum bekommen gerade die „lebendigen Wesen" den Auftrag, die Reiter herbei zu rufen? Gibt die Thronnähe der vier lebendigen Wesen – ihre Platzierung „inmitten des Throns und um ihn herum" – hier einen Hinweis? Sie präsentieren doch wohl die vom Schöpfer in Naturordnungen eingesetzten natürlichen Grundlagen in allen Lebewesen – also auch des Menschen.

Kann das bedeuten, dass durch die Natur selbst das Reinigungsgericht vollzogen werden soll? In der Tat tritt Verfall ein, wenn der Mensch ohne Beachtung und Einhaltung der Naturordnungen unnachdenklich seine Grenzen übertritt. Ohne Beachtung von Gottes Natur und Lebensgesetzen geschieht Missbrauch der eigenen Naturbasis. Das einfachste Beispiel: Wer die Flüsse mit Industrieabfall verseucht, beschwört den Tod der Fische herauf. Das Gleiche geschieht nicht nur in der Umwelt, sondern auch bei Naturübertretungen im Menschen: Wenn ein junges Mädchen vom frühen Jugendalter ab mit wechselnden Partnern Geschlechtsverkehr hat, handelt es sich nicht selten Gebärmutterhalskrebs ein, durch den der Verlust der Gebärmutter hervorgerufen wird. Naturmissbrauch um und inmitten der guten Naturordnungen des Schöpfers!

Das Bild der drei richtenden Reiter auf den drei verschiedenfarbigen Pferden kennzeichnet also die Art, in der sich Gottes Gericht vollziehen wird: Im Bild des feuerroten Pferdes und seines Reiters mit einem Schwert im Mund wird verdeutlicht, dass die gesunde Triebkraft zu Bindungs-,

Gemeinschafts- und Konsensfähigkeit (das Kalb bzw. das junge Rind) durch zerstörerische Kräfte in seelisch zerstörten Menschen verloren geht. Und das heißt: Reinigungsgericht steht an, wenn durch gesellschaftliche Trends langjährig Grenzüberschreitungen vollzogen werden, die die Schöpfungsordnung fortgesetzt missachten. Das geschieht z.B., wenn man die natürlichen Werde-Bedürfnisse der Kinder vernachlässigt. Dann handelt man sich eine allgemeine Unverträglichkeit ein – Streitsucht gewissermaßen und damit Kampf aller gegen alle – bis hin zu Terror und Bürgerkriegen. Rohe Naturkräfte gewinnen dann die Oberhand – ähnlich wie wilde, böse „tierische" Menschen, die nun das Feld zu beherrschen beginnen, sodass schließlich Menschenleben in Massen dabei zugrunde gehen.

Wer Gottes Werk außer Acht lässt und z.B. Kleinkindern durch Kollektivierung ihre Mütter raubt, enthebt sich jenen konstruktiven Naturgesetzen, die Bindungsfähigkeit hervorrufen; denn nur dann kann Lebensaufbau gelingen. Der Mensch überschreitet so die Grenzen, die Gott gesetzt hat. Der solchen Schaden hervorrufende Mensch muss deshalb erleben, dass sich dann die Natur sogar im Namen Gottes empört, so dass schließlich auch im Einzelnen Lebenseinbuße in Massen dabei herauskommt.

Und nun zum Reiter auf dem schwarzen Pferd: Wer das Bedürfnis nach Autonomie, nach Macht und Besitz nicht begrenzt, beschwört egomanen Kapitalismus und Bankenkrisen herauf. Verarmung bis zur Geldentwertung sind die Folge.

Und nun zum Tod als Reiter auf dem falben Pferd: Wer durch ausschließlich Lust-suchenden Sex gesunde Fortpflanzungsimpulse ausschaltet, wer durch Verhütung und millionenfache Abtreibung gar dem Tod direkt dient, handelt sich den Verlust der Ehefähigkeit und der konstruktiven Kraft zur haltgebenden Familie ein. Er gefährdet so durch Geburtenschwund die Zukunft aller. Aber auch, wer durch Luftverschmutzung das Atmen erschwert, betreibt ein Spiel mit dem Tod, indem zunächst einmal die Lungen krank werden und früher Tod ansteht. Es ist Missachtung Gottes, wenn – von hemmungsloser Gewinnsucht getrieben – Lebensmittel mit Gift durchseucht werden. Oder auch im Einzelnen: Der Mensch, der die Naturgesetze seines Leibes missachtet, der das gesunde Maß bei der Nahrungsaufnahme einzuhalten vergisst und sich gar durch Genussgifte verseucht, wird von Herz- und Leberkrankheiten befallen, und ein zu früher Tod wartet auf ihn.

Das bedeutet die Öffnung der Siegel durch die lebendigen Wesen im Auftrag von Jesus Christus: Die Natur selbst vernichtet dann – delegiert durch Gottes Gerichtsbeschluss – die lebensnotwendigen natürlichen Lebenskräfte ringsum, aber auch die im einzelnen Menschen selbst! Fortgesetzte Grenzüberschreitungen sind eben übelste Vergehen gegen die Schöpfungsordnung. Die so jeweils unbrauchbar gewordene Gesellschaft geht ein! Dieser Sündenfall wird uns bereits im ersten Buch der Bibel gelehrt!

Das wird aber erst zu einem unumgänglichen Akt, wenn die Gottlosigkeit jegliches Maß überschreitet – gewissermaßen als das letzte, durch das Übermaß der Menschensünden unausweichlich gewordene Gericht.

Zur Freude Gottes gereichen solche Vorgänge gewiss nicht. Deshalb ist dieses Buch des Schöpfers versiegelt und der Zeitpunkt für ein solches Gericht liegt allein in SEINER Hand; denn unser Gott ist der Schöpfer des Lebens, und ER hat in Jesus Christus eine unermessliche Liebe für all seine Geschöpfe bereits auf Golgatha realisiert. Deshalb hat

ER in der Geschichte der Menschen die Unaufgebbarkeit eines Gerichts infolge von Grenzüberschreitungen immer wieder hinausgezögert und auch immer wieder einzelne „gerechte" Menschen wie Noah und Abraham gefunden, die den Gerichtsaufschub ermöglichten. Findet ER einen solchen „Gerechten" unter uns Christen heute? Das ist die bange Frage. Reißt diese Einsicht jeden von uns hoch – angesichts der Wahrscheinlichkeit, dass wir jetzt einmal mehr ganz real an dieser Stelle der Weltgeschichte stehen? Noch einmal: Ist es nicht Grenzüberschreitung, Atomreaktoren an einer naturgewaltigen Bruchstelle im Ozean zu bauen? Ist es nicht Sündenwahnsinn der Grenzüberschreitung, von GOTT geschaffene Kinder in großer Zahl als Ware an eine internationale Kinderschänderindustrie auszuliefern? Und diese Reihe ließe sich nun sogar in böser Vielfalt verlängern. Wie wagt es doch heute eine leichtfertig und überheblich gewordene Menschheit, den Schöpfer aller Dinge zu leugnen oder gar durch Übertrumpfen schwerst zu kränken? Damit handelt sich der Mensch schließlich unumgänglich das Gericht ein – jedenfalls, wenn keiner hört!

Die Zerstörungen der Natur um uns und in uns – so sagen diese Bilder – beherrschen doch bereits die Szene und produzieren im Einzelleben nun schon Qualen über Qualen, Krebsepidemien z.B. – Heuschreckenschwärmen gleich – so weiß es das nun folgende Posaunengericht. Egoismus, Aggression, Habgier und Materialismus, so zeigen die drei düsteren Reiter, machen die Menschen heute nicht nur unglücklich. Nach der Wirrsal eines aggressiven Gegeneinander, nach wirtschaftlichem Niedergang vegetieren solche Gesellschaften nur noch verarmt vor sich hin.

In diesen Bildern ist das Unglück, das Elend, die seelische Not umschrieben, die entsteht, wenn der Mensch sich als gottferner Menschen-Macher einem egomanen Alleingang seiner Lebensformen verschreibt.

Diesen ersten Entsiegelungen aus dem Buch mit den sieben Siegeln – in den apokalyptischen Reitern angelegt wie eine Art Inhaltsverzeichnis – folgt dann Szene auf Szene in symbolhaften Konkretionen das Weltendrama für die Menschheit, wenn sie unbußfertig bleibt, mit weiteren Reinigungsgerichten, bis Jesus Christus selbst vor der Errichtung einer neuen Schöpfung die Fäulnis den Vögeln überlässt. (Offb19,21)

Resümee

Es ist die Natur selbst, die von Gott delegiert wird, die durch Missbrauch entarteten Lebensteile abzuräumen.

Es ist in diesem kleinen Buchrahmen leider nicht möglich, auf die einzelnen Phasen bis zur sieghaften Vollendung von Gottes Schöpfung näher einzugehen. In meinem Buch: „Die Bibel antwortet uns in Bildern“ sind hingegen die einzelnen Gerichtsphasen ausführlicher ausgedeutet. Sie vollziehen sich ja in dramatischen Steigerungen in einzelnen Gerichtsabschnitten: Der Antichrist erscheint aus dem finsteren Urgrund eines ungestalteten Meeres und ebenfalls in Gestalt eines Tieres, aber eines extrem bösen, eines sich tierisch verhaltenden Menschen im Kapitel 13.

Er decouvriert sich dort samt einem zweiten Bösewicht, ebenfalls in Gestalt eines Tieres, einem Zuträger, einem superbösen PR-Menschen, (vielleicht als Symbol der Medien?) Diese beiden Gestalten sind zwar einzelne Personen von Fleisch und Blut, aber als mächtige böse „Tiere“ beschrieben, als vergängliche Wesen zwar, gewissermaßen entartete Natur: der Antichrist mit einem Leopardenkopf (mit einem

Charakter der sich anschleicht und lauert) sowie mit Bärenfüßen als Zeichen seiner physischen Macht und Gewalt. Er steht mit dem Teufel – dieser hier in Gestalt eines Drachen – und dessen grausamen, raffinierten Täuschungsmanövern als Strippenzieher in direkter Verbindung Die vielen starken Hörner symbolisieren, dass der Antichrist bereits weite globale Bereiche in Besitz genommen hat.

Aber die getreu ausharrenden Christen erfahren zwischendurch auch immer neue Ermutigungen, z.B. durch die Himmelskönigin, die sich nicht von dem Drachen verschlingen lässt. Ja, ihr wird sogar von den Kräften der Erde, der guten gesunden Urnatur also, in dieser Gefahr sieghaft Hilfe zuteil. (Offb 12)

In großen Bildern wird dann in Gestalt der Hure Babylon und der Vernichtung ihrer großen Stadt die Befreiung vom Kapitalismus und Urmaterialismus vorausgesagt. (Offb 18)

Erst danach vollendet der Reiter auf dem weißen Pferd mit den Heeren des Himmels den so bedrohlichen Kampf zwischen Gott und seinem Widersacher. Diabolos wird gefesselt und samt seinem bösen Adlatus, dem Antichristen, in den Feuersee geworfen. (Offb 19,20)

Aber den endgültigen Sieg erringt letztlich gewiss die Heilige Dreifaltigkeit und damit der Geist des Guten, des Gottgetreuen, des Gläubigen. Christi Ziel ist die neue, große, herrliche Stadt mit gottgehorsam glücklichen, liebevollen Menschen und einer geheilten Kirche darin.

Das Leben in Gott ist dann eben wieder glasklar, mit gesundetem Lebenswasser, durchtränkt von Anbetung für Gott und Liebe für IHN wie für die Nächsten mit einer schöpferischen gehorsamen Natur im Hintergrund. Ohne Gottes Geist – das ist die Botschaft der Apokalypse – lässt sich allein von Menschenhand irdisches Leben dauerhaft grundsätzlich gar nicht gestalten, verwirklichen und erhalten.

Wer diese Bilder länger und immer neu auf sich einwirken lässt, wird von der Mächtigkeit dieser Wahrheit tief erschüttert und bekommt – besonders durch die Passagen der Ermutigung angesichts des Auftretens der Himmelskönigin – großen, herrlichen Frieden geschenkt. Die Stadt Jerusalem wird als der so ersehnte vollgültige Schutzraum durch Christus neu geschenkt – wie auch ein erneuerter Garten Eden. (Offb 20-21) In diesen starken Bildern leuchtet Hoffnung und Glaubensgewissheit auf – vielleicht – für eine Zukunft des bußfertigen Menschen sogar hier auf dieser Erde? Auf jeden Fall aber für den gläubig Ausharrenden in aller Ewigkeit.

Literaturhinweis

Brizendine, L.: Das weibliche Gehirn. Hamburg 2007

Eliot, L.: Was geht da drinnen vor? Die Hirnentwicklung in den ersten drei Lebensjahren. Berlin 2001

Eliot, L.: Wie verschieden sind sie? Berlin 2009

Hüther, G.: Das Geheimnis der ersten neun Monate. Weinheim 2015

Illies, J.: Zoologie des Menschen. München 1971

Meves, Ch.: Die Bibel antwortet uns in Bildern. Hamburg 2000[15]

Meves, Ch.: Problemkinder brauchen Hilfe. Stein am Rhein 2000

Meves, Ch.: Charaktertypen. Gräfelfing 2000

Meves, Ch.; Verführt. Manipuliert. Pervertiert. Gräfelfing 2007

Meves, Ch.: Geheimnis Gehirn. Gräfelfing 2008

Meves, Ch.: Erziehen lernen. Gräfelfing 2010

Meves, Ch.: Schulnöte. Gräfelfing 2011

Meves, Ch.: Wohin? Auf der Suche nach Zukunft. Bad Schussenried 2011

Meves, Ch.: Mütter heute. Kisslegg 2013[3]

Ratzinger, J.: Die Offenbarung des Johannes. Leipzig 2014

Rhonheimer, M.: Homo sapiens: die Krone der Schöpfung. Wiesbaden 2016

Strüber, N.: Die erste Bindung. Stuttgart 2016

Neue Beweise gegen einen veralteten Zeitgeist

123 Seiten, Pb., € 5.-

45 Jahre haben gereicht, die negativen Folgen der revolutionären Veränderung zu einer extrem sozialliberalen Gesellschaft sichtbar zu machen. In der Bevölkerung entsteht Unruhe, zumal viele neue Forschungsergebnisse in neurobiologischen Bereichen ebenso wie in der Hormon- und Hirnwissenschaft neue Beweise gegen die im Mainstream herrschende Ideologie publizieren. Die Mainstreamideologie altert! Die Widersprüche zwischen den kollektivistischen Wunschträumen sowie denen nach absoluter Freiheit werden immer größer und liefern den Nachweis des illusionären Charakters der zur Zeit gesellschaftlich vorherrschenden Vorstellungen in Medien und Regierung.
Diese kleine Schrift begleitet diese Vorgänge mit den jeweils aktuellen Neuerungen und den sich daraus ergebenden Argumenten für die Aktivierung eines konstruktiven christlichen Zeitgeistes. In dieser Weise avantgardistisch hat Christa Meves vom Beginn der Ideologisierung an eine realistische Anthropologie und Pädagogik vertreten, die sich jetzt bestätigt.

CHRISTIANA-VERLAG • 88353 Kisslegg-Immenried